近代经济生活系列

金融史话

A Brief History of Finance in China

陈争平 / 著

社会科学文献出版社
SOCIAL SCIENCES ACADEMIC PRESS (CHINA)

图书在版编目（CIP）数据

金融史话/陈争平著. —北京：社会科学文献出版社，2011.5
（中国史话）
ISBN 978-7-5097-1636-6

Ⅰ.①金… Ⅱ.①陈… Ⅲ.①金融-经济史-史料-中国 Ⅳ.①F832.95

中国版本图书馆 CIP 数据核字（2011）第 075981 号

"十二五"国家重点出版规划项目

中国史话·近代经济生活系列

金融史话

著　　者	陈争平
出 版 人	谢寿光
总 编 辑	邹东涛
出 版 者	社会科学文献出版社
地　　址	北京市西城区北三环中路甲 29 号院 3 号楼华龙大厦
邮政编码	100029
责任部门	人文科学图书事业部 （010）59367215
电子信箱	renwen@ssap.cn
责任编辑	赵晶华　东　玲
责任校对	邓晓春
责任印制	郭　妍　岳　阳
总 经 销	社会科学文献出版社发行部 （010）59367081　59367089
读者服务	读者服务中心（010）59367028
印　　装	北京画中画印刷有限公司
开　　本	889mm×1194mm　1/32　印张 / 5.25
版　　次	2011 年 5 月第 1 版　字数 / 96 千字
印　　次	2011 年 5 月第 1 次印刷
书　　号	ISBN 978-7-5097-1636-6
定　　价	15.00 元

本书如有破损、缺页、装订错误，请与本社读者服务中心联系更换
版权所有　翻印必究

《中国史话》编辑委员会

主　　任　陈奎元

副主任　武　寅

委　　员　（以姓氏笔画为序）
　　　　　卜宪群　王　巍　刘庆柱
　　　　　步　平　张顺洪　张海鹏
　　　　　陈祖武　陈高华　林甘泉
　　　　　耿云志　廖学盛

总　序

中国是一个有着悠久文化历史的古老国度，从传说中的三皇五帝到中华人民共和国的建立，生活在这片土地上的人们从来都没有停止过探寻、创造的脚步。长沙马王堆出土的轻若烟雾、薄如蝉翼的素纱衣向世人昭示着古人在丝绸纺织、制作方面所达到的高度；敦煌莫高窟近五百个洞窟中的两千多尊彩塑雕像和大量的彩绘壁画又向世人显示了古人在雕塑和绘画方面所取得的成绩；还有青铜器、唐三彩、园林建筑、宫殿建筑，以及书法、诗歌、茶道、中医等物质与非物质文化遗产，它们无不向世人展示了中华五千年文化的灿烂与辉煌，展示了中国这一古老国度的魅力与绚烂。这是一份宝贵的遗产，值得我们每一位炎黄子孙珍视。

历史不会永远眷顾任何一个民族或一个国家，当世界进入近代之时，曾经一千多年雄踞世界发展高峰的古老中国，从巅峰跌落。1840年鸦片战争的炮声打破了清帝国"天朝上国"的迷梦，从此中国沦为被列强宰割的羔羊。一个个不平等条约的签订，不仅使中国大量的白银外流,更使中国的领土一步步被列强侵占,国库亏空,民不聊生。东方古国曾经拥有的辉煌,也随着西方列强坚船利炮的轰击而烟消云散,中国一步步堕入了半殖民地的深渊。不甘屈服的中国人民也由此开始了救国救民、富国图强的抗争之路。从洋务运动到维新变法,从太平天国到辛亥革命,从五四运动到中国共产党领导的新民主主义革命,中国人民屡败屡战,终于认识到了"只有社会主义才能救中国,只有社会主义才能发展中国"这一道理。中国共产党领导中国人民推倒三座大山,建立了新中国,从此饱受屈辱与蹂躏的中国人民站起来了。古老的中国焕发出新的生机与活力,摆脱了任人宰割与欺侮的历史,屹立于世界民族之林。每一位中华儿女应当了解中华民族数千年的文明史,也应当牢记鸦片战争以来一百多年民族屈辱的历史。

当我们步入全球化大潮的 21 世纪,信息技术革命迅猛发展,地区之间的交流壁垒被互联网之类的新兴交流工具所打破,世界的多元性展示在世人面前。世界上任何一个区域都不可避免地存在着两种以上文化的交汇与碰撞,但不可否认的是,近些年来,随着市场经济的大潮,西方文化扑面而来,有些人唯西方为时尚,把民族的传统丢在一边。大批年轻人甚至比西方人还热衷于圣诞节、情人节与洋快餐,对我国各民族的重大节日以及中国历史的基本知识却茫然无知,这是中华民族实现复兴大业中的重大忧患。

中国之所以为中国,中华民族之所以历数千年而不分离，根基就在于五千年来一脉相传的中华文明。如果丢弃了千百年来一脉相承的文化，任凭外来文化随意浸染，很难设想13亿中国人到哪里去寻找民族向心力和凝聚力。在推进社会主义现代化、实现民族复兴的伟大事业中，大力弘扬优秀的中华民族文化和民族精神，弘扬中华文化的爱国主义传统和民族自尊意识，在建设中国特色社会主义的进程中，构建具有中国特色的文化价值体系，光大中华民族的优秀传统文化是一件任重而道远的事业。

当前，我国进入了经济体制深刻变革、社会结构深刻变动、利益格局深刻调整、思想观念深刻变化的新的历史时期。面对新的历史任务和来自各方的新挑战，全党和全国人民都需要学习和把握社会主义核心价值体系，进一步形成全社会共同的理想信念和道德规范，打牢全党全国各族人民团结奋斗的思想道德基础，形成全民族奋发向上的精神力量，这是我们建设社会主义和谐社会的思想保证。中国社会科学院作为国家社会科学研究的机构，有责任为此作出贡献。我们在编写出版《中华文明史话》与《百年中国史话》的基础上，组织院内外各研究领域的专家，融合近年来的最新研究，编辑出版大型历史知识系列丛书——《中国史话》，其目的就在于为广大人民群众尤其是青少年提供一套较为完整、准确地介绍中国历史和传统文化的普及类系列丛书，从而使生活在信息时代的人们尤其是青少年能够了解自己祖先的历史，在东西南北文化的交流中由知己到知彼，善于取人之长补己之短,在中国与世界各国愈来愈深的文化交融中,保持自己的本色与特色,将中华民族自强不息、厚德载物的精神永远发扬下去。

《中国史话》系列丛书首批计200种,每种10万字左右,主要从政治、经济、文化、军事、哲学、艺术、科技、饮食、服饰、交通、建筑等各个方面介绍了从古至今数千年来中华文明发展和变迁的历史。这些历史不仅展现了中华五千年文化的辉煌,展现了先民的智慧与创造精神,而且展现了中国人民的不屈与抗争精神。我们衷心地希望这套普及历史知识的丛书对广大人民群众进一步了解中华民族的优秀文化传统,增强民族自尊心和自豪感发挥应有的作用,鼓舞广大人民群众特别是新一代的劳动者和建设者在建设中国特色社会主义的道路上不断阔步前进,为我们祖国美好的未来贡献更大的力量。

2011年4月

⊙陈争平

作者小传

陈争平，清华大学教授、博士生导师，中国社会科学院经济研究所特邀研究员，中国经济史学会副会长、近代经济史专业委员会会长。著有《1895～1936年中国国际收支研究》（获中国社科院第三届优秀成果奖一等奖）、《中国近代经济史，1895～1927》（合作，获孙冶方经济学优秀成果著作类奖、第四届吴玉章人文社会科学一等奖、第二届郭沫若中国历史学奖一等奖）、《中国近现代经济史教程》（合作，国家"十一五"规划教材）、《中国近代经济史，1927～1937》（合作）等。

目 录

一 鸦片战争前概况 …………………………… 1

二 半殖民地半封建社会初期
  （1840～1894） ………………………………… 8
  1. 外国金融势力的侵入 ……………………… 8
  2. 钱庄的变迁 ………………………………… 15
  3. 票号的兴盛 ………………………………… 18
  4. 金融危机与"红顶商人"的倒台 ………… 23
  5. 杂乱的通货 ………………………………… 27

三 半殖民地半封建社会形成时期
  （1895～1927） ………………………………… 34
  1. 外国在华金融势力的扩张 ………………… 35
  2. 中国新式银行业的兴起 …………………… 41
  3. 票号的衰落和钱庄的继续发展 …………… 47
  4. 风潮迭起 …………………………………… 49

四 全面抗战前十年（1927～1937） …………… 56
  1. "四行两局"及官僚资本金融体系的
     发展 ………………………………………… 57

2. 废两改元 …………………………………… 62
  3. 白银风潮和法币改革 ………………………… 64
  4. 民间银钱业的变化 …………………………… 69
  5. 上海——"东方的纽约" ……………………… 72
  6. 革命根据地的金融 …………………………… 77
  7. 九一八事变后的东北金融 …………………… 79

五 抗日战争时期（1937～1945）………………… 83
  1. 日占区的殖民地金融 ………………………… 83
  2. 四联总处及国民党政府对大后方的
     金融统制 ……………………………………… 90
  3. 法币超额发行 ………………………………… 96
  4. 国统区的黄金和外汇市场等 ………………… 98
  5. 抗日根据地的金融 ………………………… 102
  6. 货币战——抗战时期的特殊战线 ………… 109

六 解放战争时期（1945～1949）………………… 115
  1. "四行两局一库"对金融高度垄断 ………… 115
  2. 国统区的恶性通货膨胀 …………………… 119
  3. "金圆券"、"银元券"的崩溃 ……………… 124
  4. 民间金融业逐渐走上末路 ………………… 132
  5. 外国银行从中国撤退 ……………………… 137
  6. 新民主主义金融体系在全国的胜利 ……… 139

参考书目 ………………………………………… 145

一 鸦片战争前概况

金融活动在人类社会商品经济发展过程中一直处于中枢地位。在中国近现代经济史中，金融史亦是一个重要的组成部分。

中国到明清时代时，自然经济虽然仍占统治地位，但商品的生产和交换已经越来越发达，市场经济萌芽也开始发展起来，清王朝统一中国以后，统治者采取了减免赋税、兴修水利等措施，使社会生产力从长期战争破坏下，逐渐走上恢复和发展的道路，各地区之间经济联系不断加强，国内市场不断扩大，商品经济因素比以前有了较大发展。

伴随着商品经济的发展，兴起了众多的市镇和农村集市，与繁华的城市市场交相辉映。商品经济最发达的江南，市镇和乡村集市已是星罗棋布。湖北的汉口在鸦片战争之前已成为拥有约 20 万人口的商业市镇。这时的国内市场体系已打破了过去的坊市制，形成以城市为中心，市镇为据点，集市为网络，各级市场紧密联系的流通网。在国内市场上出现了不少商人群体——商帮，这是自明代中期开始出现的，以地域为中心，以乡谊为纽带，以会馆、公所为其在异乡联络场所的一种商人自助群体。其中，北方的晋、陕、鲁，南方的徽、浙、粤、闽等商帮，都是活跃在国内市场上的著名商帮。一些显赫一时的大商人资本，在盐、茶、布、木等长途贩运贸易中发展起来，其资本额从明后期的 50 万～100 万两的规模发展到清中叶的 1000 万两的规模。

随着商业和商人资本的发展，货币数量的增加和货币使用范围的广泛，各种金融组织也应运而生。

清中叶的金融组织增多，其中最主要的是以从事抵押放款业务为主的"典当业"，以经营货币兑换为主、兼营存放款业务的"钱庄"，以经营存放款业务为主的"账局"，和以经营汇兑业务为主的"票号"。

典当在我国起源很早，大约在南北朝时就有了主要由寺院兼办的从事抵押放款的"寺库"。到清中叶时已有一千多年历史。它是一种以衣物和动产抵押为手段的消费贷款。它主要是满足小生产者、城市市民和部分地主的生活急需而存在和发展起来的。唐时由贵族经营，宋代以后民间高利贷资本也开始加入典当业的行列。随着历代典当业的推广，先后出现了"质库"、"质肆"、"解库"、"解铺"、"长生库"、"典库"、"典铺"、"当铺"、"质铺"、"印子铺"等名目。乾隆年间仅北京就有大小当铺六七百家。山西省的典当业更为发达，有四千多家当铺。据研究者估计，清中叶全国约有两万家当铺。从事典当业的多为徽商和晋商。典当业在封建社会中起着调剂民间金融的作用，它的发展从一个侧面反映了封建社会商品经济的发展。

明、清两代由于白银和铜钱并用，经营兑换业务的信用组织盛行起来。一开始是摆摊，称"钱桌"或"钱摊"。一些米店、土布店、杂货店等商业组织也开始兼营银两和铜钱的兑换。后来发展出专门兑换货币的铺面，长江流域多称其为"钱庄"，其他地方，如北京、天津、沈阳、济南、广州等地也有称"钱铺"或"银号"、"兑店"的。到了清中叶，随着商品经济的发展，钱庄、钱铺、银号等也迅速发展起来，北京在道光十年（1830）以前，开设的钱铺已有389家；位于长江入海要津的商港上海，在嘉庆二年（1797）以前，也已有钱庄124家。当时上海已经设立了钱业公所，以维护同业利益。随着业务逐渐扩大，不仅经营兑换，同时还经营存款、放债等，大的钱庄还有代理县库、道库的。上海的大钱庄大多与行走南北洋的沙船业发生资金联系。沙船出海时，经常向钱庄借入大宗款项，在上海购买土布等货物，运往南洋福建等地或北洋山东、关东等地销售。这表明在鸦片战争以前，上海钱庄的信贷业务已经不限于商业而兼及交通运输业了。银号的职能基本上与钱庄相似，有的除了经营货币兑换、存放款业务外，还经营熔炼纹银。

乾隆中期以后，钱庄、银号等金融机构所发行的信用票据——钱票，也在一定范围内流通起来，发挥着代替货币职能的作用。当时习用钱票的地区主要是北方各省，如山西、直隶、陕西、山东等省。这是因为北方"陆路多而水路少，商民交易……现钱至十千以上，即须马驮车载，自不若钱票有取携之便，无盘运之烦……甚便于民"。北京由于商业繁荣、交通便利，与京外各重要商业城市形成较为密切的经济联系。所以，京外钱庄签发的钱票，借商业贸易渠道流通于北京城内。

钱票的出现和发展，反映了金融信贷扩张的结果，但是由于钱票的滥用，货币信用的过分膨胀，又必然造成金融上的紊乱和纠纷。道光五年（1825）和道光十年（1830）在北京曾经先后发生过因钱票泛滥，钱庄无法兑现而大量倒闭的案件。

除了北方省份外，在东南沿海各省，钱票的活动场所仍然是相当广阔的。例如，江苏省由商业交往而发生的货币清算上，一向是纹银、洋钱和钱票三者并用。两江总督陶澍在道光十八年就曾经说："江南全省，通商大贾，皆以银易换洋钱，零星贸易，始以银易换制钱"，为了"便于携取"，又以银"更换钱票"；这种钱票"皆系本店所出，票到即行发钱，与现钱无异"。

上海钱庄使用庄票的历史较长，庄票在鸦片战争前已有了近百年历史。到1841年时，上海钱庄所签发的庄票面额达千两银者，已不稀罕。在上海，不仅商品交换可以通过庄票成交，而且债权债务关系的清理，也可以通过钱庄庄票"到期转换，收划银钱"，相互抵消。庄票的出现和发展，表明上海银钱业在信贷上所达到的水平，在鸦片战争以前已高于沿海其他城市和内地城镇的信贷水平。庄票所固有的活力，在鸦片战争后上海口岸贸易的开拓中,更发挥了过去意想不到的重要作用。

账局,又称账庄,是在城镇经营工商铺户存款和放款的信用机构。它产生于清雍正、乾隆年间,有的学者认为它是中国最早的银行。账局发源于我国北方,主要在北京、张家口和山西汾州、太原一带,多由山西商人经营。北京在清中叶工商业十分繁荣,"京城九门外,铺户何止数万"。京城工商铺户为了扩大经营,往往利用借贷资本,"各行店铺自本者十不一二,全恃借贷流通",这为山西商人在京开设账局提供了基础。张家口位于中国与俄国陆路通商的交通要冲。由于出口货物在张家口交完税以后,再运至中俄边境路程很长,往返一次差不多要半年时间,商品流转期长,需要更多的垫支资本,商人们往往有求于借贷,所以张家口的账局也应运而生。山西商人开设的账局主要集中在北京、张家口两地。19世纪上半叶账局有了较大的发展,除了山西商人外,其他省份的商人也在北京、天津等地开设了一些账局。账局不仅是中国封建社会后期工商业资本的主要融通者,而且也是当铺、钱铺和印局等金融机构的支持者,具有高利贷中心的作用。

票号,又称票庄或汇兑庄,大约产生于19世纪20年代初。由于票号也是多为山西人经营,所以人们又常称之为"山西票号"。清乾隆、嘉庆年间,国内商品货币经济进一步发展,特别是埠际贸易的开展,使得不同城市间的经济联系日益密切。当时迫切需要解决不同地区间收解现金和清算债务的实际问题,先前靠商人自己带运现金，或由镖局押运现金的方式，已越来越不适应商品流通量日益增加，流通区域日益扩大这一客观情况了。于是，某些信誉卓著的商铺利用它们在一些城市设有分号的关系，逐渐地把不同地区间的汇兑，作为兼营的业务承担起来。山西平遥县商人、日升昌颜料铺经理雷履泰鉴于远道解运现金，困难既多，又不安全，试用汇票来清算与日升昌相往来的各地商铺的账目。最初这种清算方法试行于重庆、汉口、天津、北京等地。后来由于汇水收入十分丰厚，兼营汇兑的日升昌颜料铺就改为专业的日升昌汇兑票号。日升昌成为票号的鼻祖，雷履泰成为票号的创始人。不久，与雷履泰同县的五家绸布庄、绸缎庄，也先后从原来经营的商店改变为专营汇兑业的票号，人们称之为"平遥蔚字五联号"；山西太谷、祁县也有一些商号陆续改营票号业务。此后，票号作为一种新的金融组织逐渐发展起来。

鸦片战争前，票号的经营者几乎全是山西商人，特别以山西平遥、太谷、祁县三地商人势力最大，所以在当时商业社会中称之为山西票号"三大帮"。它们各以资力大小不同，在若干城市设立分号，并且在互相调剂金融的情况下，构成了一个四通八达的以汇兑为主，以存放款为辅的金融体系。票号的资本比一般钱庄雄厚，而且票号股东所拥有的资本往往超过票号资本的几倍或几十倍。票号的业务活动对商品流通的发展所起的积极作用，迅速地为社会上所认识，票号博得了"汇通天下"的美称。

随着高利贷的盛行,清代还出现了一种专门经营高利贷的信用组织——印局。它普遍存在于清代各商业城市中,以贷放印子钱为业务,其利息比一般高利贷还要高,多在月息3分至6分。清代中国,还存在着其他一些金融组织。

总之,在鸦片战争前,随着中国封建社会后期商品经济成分的壮大,中国多种形式的金融组织也处在发展过程中。这一发展过程到了清中叶时,已呈现出加速发展势态。假如没有外国资本主义的入侵,中国的金融业仍然会按照自己原有的轨迹发展壮大起来,并在中国商品经济生活中发挥越来越重要的作用。

二 半殖民地半封建社会初期（1840～1894）

从1840年第一次鸦片战争爆发到1894年中日甲午战争前的这一时期，是中国半殖民地半封建社会经济初步形成时期。在这一时期里，外国资本主义对中国发动了两次鸦片战争，不断扩大对华侵略，中国半殖民地化程度不断加深。外国金融势力逐步渗透，并在贷放借款资助清政府镇压太平天国革命、西北回民起义等过程中，加强了与清政府的勾结。随着外国资本主义对华经济侵略的加深，中国封建经济结构的逐渐解体，外国金融资本与中国旧有金融机构开始结合在一起，并在中国社会经济生活中占有一定的优势。由于世界棉花市场的波动，外国银行和洋行的操纵，及银钱业商人投机活动等影响，这一时期先后出现了1866年、1883年两次较大的金融风潮。

1 外国金融势力的侵入

中国封建社会后期商品经济正在缓慢发展的时候，

西方英、法、美等国已进入了资本主义社会,它们不断对外扩张,对古老的中华帝国先是用鸦片走私手段进行商品侵略,后来英国侵略者又在1840年对中国发动鸦片战争,用武力迫使腐朽的清政府签订了《南京条约》等不平等条约,破坏了中国领土和主权的完整,攫取了协定关税、五口通商、设立租界、最惠国待遇等侵略特权,进一步打开了中国市场;美、法等国也以武力恫吓和政治讹诈手段,从清政府手中攫取了同样的侵略特权,从此,资本主义列强运用不平等条约逐步扩大对华侵略,中国开始逐步沦为半殖民地半封建国家。中国的金融也日渐加深地打上了半殖民地的烙印。

19世纪30年代前,西方商人就已经向中国大量输入鸦片,毒害中国人民,从中牟取暴利。从事鸦片走私的洋商,将在中国出售鸦片所得的大部分款额,交给英国东印度公司在广州的代理处,换取该公司签发的汇票,在伦敦或加尔各答兑现。东印度公司则利用这些款额在广州购买中国茶叶、生丝等商品。

与东印度公司分享对华贸易金融周转业务的还有一些洋行的银行业务部,其中最著名的是英国的怡和、宝顺和美国的旗昌三大洋行。随着东印度公司垄断权的取消,中国对外贸易的金融周转业务基本上落入上述洋行手中。鸦片战争以后,这些洋行从广州向中国其他通商口岸推进。怡和、宝顺、旗昌等洋行巨头,被称为是在中国的"商业大王",这些"商业大王"是外国资本在近代中国金融活动中的急先锋。在很长一段时期内,作为银行主要业务之一的汇兑(国际)一直掌握在这些"商业大王"手里。不仅如此,这些"商业大王"还在中国进行商业放款活动,并不失时机地向中国政府贷款,从中牟利。

急先锋在前面开道,主将随之登场。外国在华金融活动的主角——外国银行——开始出现在中国经济、乃至外交、政治的舞台上。1845年丽如银行(Oriental Bank),前身称东方银行,在香港和广州两地设立分支机构,成为第一个入侵中国的外国殖民地银行。不久它就在香港发行钞票,这是流通于中国市场的第一批外国纸币。1850年它又在上海设立分行,此时它的实收资本为60万英镑,但不到五年,便增加到120万英镑。因此人们认为它在远东的地位,有一个时期,"几乎像英格兰银行在英国的地位一样"。

在19世纪50年代里,英国资本汇隆银行(Commercial Bank of India)、呵加剌银行(Agra and United Service Bank)、有利银行(Chartered Mercantile Bank of Indian, London & China)和麦加利银行(Chartered Bank of Indian, Australia & China)先后尾随丽如,在中国建立分支机构。

当19世纪50年代外国银行资本刚刚进入中国时,它们在中国的金融势力还远远不如大洋行的势力。以丽如银行为例,它以经营外汇为主,但它在50年代初期的全部外汇生意,"常常赶不上某些大洋行买卖外汇的一个柜台所做的生意"。在商业放款方面,在洋行和中国商人接触频繁之时,银行则基本上没有打开局面;

在对中国政府贷款方面，1865年以前，清政府举借的16笔外债中，有13笔由洋行经手贷放，而由银行贷放的3笔中还有2笔是打着洋行的招牌。洋行与银行相比，占有绝对的优势地位。

1860年法兰西银行也在中国开设分行，与英国金融资本在中国展开了竞争。

由于在19世纪西方资本主义对中国的经济侵略中，英国一直占据主要地位，因此在这一时期外国资本在对半殖民地中国的金融国际竞争中，英国资本也占据着优势地位。19世纪60年代，英国资本在近代中国金融活动中最重要的角色——汇丰银行登场。

汇丰银行成立于1865年，其中文名有"汇款丰富"之意；其英文名为"Hongkong & Shanghai Banking Co. Ltd."（直译为"香港和上海银行"），这一英文名可以反映出这个银行的一个重要特点：它是第一家总行设立在中国的外国银行。汇丰的后台大部分都是在中国有长期侵略历史、进行多方面活动的洋行老板。中国的经纪权益，是他们的利益的焦点。在汇丰的发起书上公然写道："目前在中国的银行，只是总行在英国或印度的分支机构，它们的目的，局限于本国和中国之间的汇兑活动，很难满足本地贸易的需要……汇丰银行就是要弥补这个缺陷。"1864年8月汇丰银行临时委员会举行了首次会议，会议确定汇丰银行不仅是一个办理汇兑业务的银行，而且要办成一家为英国在华资本服务、并能协助英国驻香港殖民当局实行所谓货币改革和向公共实业提供资金的银行，以加强英国对香港的殖民统治。汇丰总行设在香港，但它成立仅一个月就在上海设立分行，对中国大陆积极开展金融活动。

在汇丰成立五年后，苏伊士运河开通，使东西方的航程缩短了一半，从而使贸易周转的速度增加了一倍。同样贸易额所需要的资本垫付，也只需要以前的一半。1871年伦敦至上海间敷设了海底电缆，从而欧洲与中国之间的电讯交通正式建立。

当电讯订货和电讯汇款普遍使用时，商人手中的资本流转速度，已经不是成倍而是十倍、百倍的增加。就在这一时期，随着东西方电讯交通的建立，上海金融市场的脉搏，也紧随着世界金融中心伦敦而跳动了。作为银行资金两个最大出路的抵押放款和票据贴现业务也发展起来。连一向以"保守"著称，只经营汇兑的丽如银行，在其他银行的攻势面前，也积极开展起押汇和贴现业务，成为这两个市场上的"激烈竞争者"。当时，上海和伦敦一样，风行着预约订货，只要订货合同一成立，便可以立刻从银行获得洋行所需要的下一步交易的周转资金。

19世纪70年代中西贸易方式和金融周转方式的改变，为大批小洋行进入中国提供了有利条件。

进入70年代以后，由于小洋行的增设，外国在华洋行数量迅速增加，从鸦片战争刚结束不久时的不到40家，增至300多家；1872年以后尽管有些小洋行倒闭，有些被合并，但全国洋行数目仍然从343家增加到1892年的579家。众多的小洋行由于资本不足，不得不更多地依赖银行资本的扶持。

小洋行的大量增设，打破了昔日少数大洋行的垄断，也促进了外国在华银行势力的扩大，帮助外国在华银行资本取代了少数大洋行过去在中国的金融地位。

外国在华银行势力网的扩大，包括新银行的增设和原有银行分支机构的扩张这两个方面。

在新设的银行中，一方面是英国各系金融资本之间继续在中国竞争。一些新的银行组织，例如德丰（National Bank of India）、大东惠通（The Trust and Loan Co. of China, Japan & the Straits）和中华汇理（National Bank of China），分别于1875、1890、1891年挤进中国，它们都力图"扩大在中国的活动场所"。在激烈的竞争中，老一辈的英资银行丽如和呵加剌的地位被削弱，在19世纪90年代先后停闭。

另一方面，英国以外的其他资本主义国家金融势力在中国的扩张，特别引人注目。它们对英国在华的优势地位提出了新的挑战。

1872年，以国家权力为后盾的德意志银行（Deutsche Bank Aktien Gesellsehaft）在中国建立了侵略据点，为1890年德华银行的入侵作了开路先锋。

与此同时，法兰西银行也加强了它在中国的地位，并把触须由上海伸向内地，从而在中法直接贸易的金融周转方面发挥了显著的作用。

到了90年代，德华银行取代了德意志银行；与此相呼应，在法国殖民地越南起着中央银行作用的东方汇理银行（Bangue de L'Inde Chine），也取代了法兰西银行而进入中国。这使德、法两国银行资本,在中国换了一个更有效的工具。

日本,这个当时本国资本主义发展还处于"初级阶段"的国家,也瞄准了中国这个广大的市场。就在中日甲午战争爆发前一年,"作为执行政府政策的工具"、"对外贸易的责任银行"的日本横滨正金银行在上海设立了办事处。

在 70 年代以后的 20 多年中,原有外国银行在华的分支机构也有很大增加。以汇丰为例,19 世纪 70 年代以前,它的分支机构已经分布在上海、福州、宁波、汉口、汕头等重要商埠;1873 年以后的 20 多年中,它又先后在厦门、烟台、九江、广州、北海、天津、澳门、打狗、北京、牛庄、基隆等处,设立了分支行或代理机构,建立了一个北起牛庄、京津,南临海口,从沿海的上海、广州到内地的汉口、九江的金融网。

外资在华银行积极参与了向清政府放款的活动,以从中获取高额利息,并加深与清政府的关系。这种高利贷放在 19 世纪 70 年代以前就已开始,但那时贷款数额小,一般不超过数十万两,还款期限也短,基本上属于临时周转性质。70 年代以后,贷款数额开始达到数百万两,汇丰银行等逐渐成为清政府的主要债权人。

由于汇丰与在华外商企业,特别是英商企业紧密结合,能充分适应外商企业扩大对华贸易的需要;而且它不论是在申请注册、扩大发行钞票权利等方面,还是在允许它推迟缴足资本等方面,都能得到香港殖民当局的支持;再加上汇丰总行设在香港,可以就近指挥它在中国各地的分行,这对它的资金有效运用是一个极为有利的条件,所以汇丰银行在当时在华的十多家外国银行中盈利最多,发展最快,逐渐处于近代中国金融的霸主地位。

钱庄的变迁

自从外国资本主义势力入侵以后,随着沿海和沿江口岸城市的对外开放,这些地区的商品经济迅速发展。原先就活跃在这些地区的钱庄,这时也有了新的发展。

外国商人来到中国通商口岸以后,他们首先遇到的是不同货币的兑换问题;而且中外贸易的开展又必然涉及财务清算等问题。当时的外商只能依赖当地的钱庄来协助解决这些问题。例如,广州的钱庄为外商保管现金,鉴定银两成色和融通款项,成为一些外商进行贸易活动时所不可缺少的助手;福州的钱庄也协助外商进行贸易活动,以致到福州来的外商认为当地钱庄"对一切商业交易所提供的安全和便利,以及它所产生的利益,无疑与欧洲银行制度所产生的利益是一样的"。上海等地的钱庄与外商的关系也大致如此。上海钱庄成为外国洋行与内地商人之间的"联结器",帮助鉴定金银、兑换货币、融通资金和清算财务等。有时中国商人从洋行进货时,没有足够的现金,洋行又不了解中国商人的资信,不能赊销,商人就通过钱庄提供信用，开出庄票。钱庄的庄票，特别是远期庄票，被洋行接受，这对买卖双方都提供了便利。

上海钱庄因资力大小不同，有汇划庄（或称"大同行"）和非汇划庄（"小同行"）的区别。汇划庄在开业前，必须加入"内圆钱业总公所"，并交纳会费，即所谓"入圆钱庄"。它们享有发行银票、钱票和代售票据的权利，办理存放款、贴现以及汇划签发庄票、汇票等业务。非汇划庄因资力小，不得参加钱业总公所。1863年，上海钱业同行为了维护庄票的信用，公议规定对非汇划庄的庄票"概不收用"，这样就排除了非汇划钱庄庄票的流通。到19世纪90年代时上海钱业又实行了一种"公单制度"，即每日下午各汇划钱庄汇总其应收之庄票，送到出票钱庄换取公单；到4时以后，各钱庄齐集"汇划总会"相互结算。此外，汇划总会还代理非会员钱庄清算和接受银行委托代理清算。这样在钱庄之间初步实行了票据交换制度。

外国商人一般只接受资本力量雄厚的钱庄庄票作为结算工具。外国洋行利用钱庄庄票，促进了洋货的销售，而钱庄的业务也随之扩大，外国洋行与上海钱庄的联系越来越紧密。随着贸易的发展，钱庄信贷日益扩大，而钱庄本身资金不多，往往需要借入资本。

19世纪60年代末70年代初外国银行为了进一步控制上海的金融市场，开始贷款给钱庄，这种贷款的利息比市场上的一般利息要低一些，担保品便是钱庄所开的庄票。这种贷款迅速增加，到1873年时已达300多万两，以后还不断增加，成为上海钱庄营运资金的重要来源。钱庄对外国银行的依赖越来越深，外国银行只要紧缩一下信贷，上海钱庄就会周转失灵，发生金融恐慌。由于钱庄与外国银行拆借款项关系的建立，洋行就可以把销售洋货收到的钱庄庄票存入外国银行往来账上，委托银行代收；中国土产商人出口土产所收外商支票也可以送存自己的开户钱庄，委托钱庄代为收款。外国银行和钱庄之间相互轧抵，减少了现金搬运。这样，既便于外国银行控制上海金融市场，又促进了上海进出口贸易的发展。

镇江、宁波、汉口、重庆等城市的情况也与此相似。例如，在镇江的买办支付给外商的进口洋货款常常要依靠当地钱庄的贷款；上海、镇江和苏州三地钱庄的金融往来非常密切，这对于支持进出口贸易的金融周转起了很大作用。再如，宁波那里凡与钱庄有往来关系的商人在买卖成交时，不论其数值大小都可到当地钱庄去记账，不必银洋过手。这样可通过钱庄的信用，把现金的使用减少到最低限度，便利了贸易的开展。在宁波等地钱庄的积极参与下，进口洋货才能够方便地出入于远离口岸的浙西、赣东和皖南一带。福建、安徽的钱庄对茶叶的外销也积极提供了信用支持。汉口在太平天国战争期间商业遭到破坏，金融业也随之削弱，战后随着商业的复苏，钱庄业也很快发展，逐渐成为"各业之冠"。它们对有业务往来的商家签发庄票，促进了贸易的发展。

随着通商口岸贸易的开展，外国资本利用钱庄的信贷关系，借以开拓口岸和内地市场的贸易；而钱庄则利用外国洋行或银行的雄厚资金,来扩大自己的金融活动。钱庄庄票被洋行接收,及外国银行以庄票作担保向钱庄贷款,这些都推动了钱庄向买办化方向发展。

上海钱庄的发源地本来在南市,因为南市是出海要区,过去上海的贸易与金融都以南市为重心。自北市辟为租界以后,市面逐渐繁荣,钱庄也有开设于北市的。1853年上海小刀会起义,1860年太平军进军上海,这些事件都促进上海钱庄向北市转移。随着上海钱庄日益买办化,为了更便于与外国银行联系,进行投机活动及更多地吸收存款,也为了能得到租界外国势力的庇护,许多钱庄改设在北市。北市的钱庄迅速增加,而南市却相对冷落了。到1876年时上海钱庄设在租界内的已占到60%,超过了南市的钱庄数。

3 票号的兴盛

19世纪50年代时票号已发展到十多家,这些票号一般都拥有雄厚的资本,在经营方式上有着自己的特点。它们采用分号往来制,各自在北京、天津、太原、张家口、西安、济南、苏州、汉口、广州等主要商业城市设立分号,各地分号在总号指导下相互支援,从事商业汇兑业务。在内部分配方面,票号一般都采用人力股制(亦称"身股制"),即经营者(俗称"掌柜"或"经理"等)按其职务及劳绩,在票号内享有一定的股份(称为"顶身股"),一些中高级职员也享有身股，与出资者（俗称"东家"、"财东"）一样按股分红。这样使得票号做得好坏、利润多少，与总、分号掌柜及中高级职员等人的切身利益紧密结合起来，对调动经营者及职员们的积极性起了很大的作用。财东们平时不过问票号的具体业务，一切由掌柜负责，放手让掌柜经营。票号的这些制度，在当时社会条件下有其合理性，使票号生意越做越兴隆，逐渐成为调度全国金融流通的重要力量。到19世纪中叶时，有些票号除了经营商业汇兑外已开始经营存放款，逐步发展为全面承担借贷和汇兑业务的金融组织。

19世纪50年代爆发的太平天国农民战争对票号业务的变化与发展也起了很大的影响。

太平天国战争影响了票号力量的地域分布，并连带对票号在商业贸易中的作用也产生了影响。

随着太平天国战争的发展，长江中下游重要商业城市汉口和苏州先后遭到战火破坏。原先设立在那里的票号分号陆续迁移到上海，增强了票号在上海的力量。

上海当时已经逐渐成为全国贸易中心，其内外贸易额不断增长，对金融流通的需求也在不断增加。这时上海也已成为钱庄的主要活动地，上海钱庄在进出口贸易的金融调度上发挥着重要的作用。但是，上海钱庄的资力并不雄厚，直到70年代时大钱庄的资本也不过数万两。而票号的资本一般都是数十万两，远比钱庄雄厚，一些钱庄和商号常常需要票号的信贷支持。再加上票号采用分号往来制，在全国各主要商业城市都设有票号分号,可以直接通汇,从事进出口贸易的华商必须利用票号的汇兑网,在内地和通商口岸之间进行货款的收解。因此在19世纪60年代以后,上海洋货的内销及内地土特产向上海集中输出的过程中,常常需要钱庄和票号合作进行金融调度,票号在进出口贸易中的作用大大加强。

近代一位外国金融专家曾以上海洋货销往开封的金融调度过程为例,描述了内地商人向口岸采购洋货时依靠钱庄和票号合作进行资金融通和财务清算的实际情况:"开封商人当得悉他所购买的货物须于某日付款若干之后,马上向他往来的钱庄开一张地方性的期票,交与当地山西票号的分号,向该分号买一张汇票寄与他的上海代理人。代理人把汇票送与山西票号在上海的分号,换取该分号的限于当地流通的期票,交与他的掮客。就开封商人的代理人而言,这一交易到此就结束了。代理人收到了货物,用通常的办法运往开封。至于向外国商人接洽并负责交货的掮客,当货物尚在洋行手中时,是不能从开封商人处得到货款的。他就要求和他往来的钱庄开出一张期票,用以支付洋行;洋行接到期票后就交出货物。然后他得到开封商人的期票,把它偿还给他的往来钱庄。此时交易对有关方面才算完全清结。"

天津的情况也与此相似。1885年4月的《字林西报》

也曾披露了天津沙逊洋行买办在收购内地皮货出口过程中票号的作用。天津的外国洋行过去曾经几次派人到中国西北内地收购皮货，但始终不曾顺利开展起来。后来天津沙逊洋行买办由于得到了与张家口有金融联系的恒益裕票号的信用支持，才在张家口铺开了大规模收购西北内地皮货的局面。人们反映清光绪年间天津金融组织在支持当地商业发展的重要作用时指出：天津商贾"于本地经营，以银号（指钱庄）为外库；于埠际贸易，恃票号为调节……票号和银号之营业因之特盛，而势力亦因之特大"。在其他城市，如重庆、厦门等，票号在进出口贸易中也发挥了越来越大的作用。

太平天国战争使得票号与清政府的关系发生了很大变化。清政府过去财政制度规定，各地运往北京的"京饷"和拨交邻省的"协饷"，都必须由官兵押运现金，严禁商人参与其事；即使在国内汇兑事业已普遍开展的情况下，也不准交商汇兑，违者要受惩处。在太平天国战争刚开始时，这种官府运现制度仍被严格地执行着。到60年代清军与太平军进入决战阶段时，长江流域不断发生激战，北方又有捻军在打击清军，交通阻塞，各省无法按照旧例运送现金，清政府不得不于1862年准许户部请求，改变旧法，利用票号的资金和汇兑网来解决饷银调度问题。

此后，票号与清政府的关系由于京饷、协饷的汇兑而逐渐加深。据不完全统计，自1862年到1893年这31年间，各省通过票号汇兑到北京的京饷累计有

6158万两以上,交由票号汇兑到陕西、甘肃、新疆的协饷约有460多万两。

票号与清政府其他方面的金融往来也不断加深。19世纪70年代清政府发动的洋务运动进入了全面开展阶段,各省协济洋务的经费汇兑、洋务企业之间的资金往来等等,也往往通过票号来周转。在协助清政府汇兑京、协各饷过程中,票号每年都要经手一笔笔为数巨大的流动资金,这对于票号业务发展和运营能力的增长,起着难以估量的作用。

票号的势力不断增强,而清政府因为连年战争及筹办洋务和宫廷靡费,财政状况不断恶化。渐渐地,清政府不仅要依靠票号进行金融汇兑,而且常常还要向票号借贷了。60年代至70年代清政府派左宗棠率领大军西征时,军饷协济常常接济不上,左宗棠就曾经多次依赖票号的贷款来应急。1874年,清军将领曾国荃在山西因"兵饷不敷",也向平遥、祁县、太谷三帮票号借银20多万两。80年代中法战争期间,清将鲍超率军从四川向云南开拔时,也因军饷不敷,先后向四川、云南的票号挪借银两。各地调遣军队时,类似的事例很多。

不仅战时军饷等需要向票号借贷,平时清地方政府也常依赖票号的贷款以渡难关。由于当时社会和经济的各种原因,清政府的地方税收常常收不足额,但是清朝廷对地方政府却严格规定了京饷上解期限,不准拖延,因此各地方政府常不得不依靠票号垫款汇解。有时票号还替清政府代办其他金融事务,逐渐获得了一种半官方的地位。

票号与清政府的金融往来，都是通过当权的清政府官员和票号商的联系开展起来的。晚清吏制败坏，票号商与地方当权官僚在互相利用的基础上相互勾结，官恃特权，将可以动用的公款免息或低息存入票号，使票号得以极低的代价运用巨额资金；而官吏将贪污所得存入票号，票号既付与优厚利息，又严守秘密。有的票号商与清朝地方官僚交往从密，甚至官僚调任也随行。例如大德通票号的高经理追随曾在安徽、陕西、甘肃、新疆、山西、湖南、沈阳等地任职的官僚赵尔巽，赵调到哪里，高就跟到哪里，大德通几乎成了赵的库房。

总之，在19世纪60年代以后，票号的经营业务不断扩大，它们与清政府的关系日益紧密，票号业的发展也随之进入鼎盛时期。

4 金融危机与"红顶商人"的倒台

近代外国资本主义在不断加深对华侵略的同时，它们把近代西方式的市场投机及随之而来的金融风潮和金融危机也带入了中国。外国金融资本凭借自己雄厚的实力，在中国金融市场上兴风作浪，煽动市场投机，频繁引起金融风潮，给旧中国的商业、金融和社会经济的发展造成了一次又一次的大破坏。

中国近代史上第一次较大的金融危机发生在1866

年。由于从1861年起作为世界主要棉花产地的美国发生了南北战争，世界棉花市场价格不断翻番，整个资本主义世界卷入了棉业投机热潮，中国的棉花也成为外国投机商人狂热追逐的对象。一些外国金融商也追踪而来，从事汇兑投机和其他活动。仅1864年一年就有外商利华、利生、利升三家银行在中国设立，50年代已经入侵上海的汇隆、麦加利等银行也在中国内地增设分支机构。在激烈的市场竞争和投机中，整个1864年，上海金融市场"没有一夜安宁"。外国银行的股票市价也不断上升。汉口的外国银行和洋行投机活动一时也十分猖獗。在外国银行和洋行的买办唆使下，一些中国商号也卷入了投机活动。1865年美国南北战争结束，世界棉花市场价格猛烈下跌，震撼欧洲的金融危机随之开始。这一危机很快也波及中国，上海市场上一些外商银行的股票一下子几乎成了废纸，不少外国银行和中国商号等都纷纷倒闭。

此后，在1871、1872、1873、1878、1879年，都因为受外国银行和洋行的操纵，以及中国银钱业商人投机活动的影响，先后出现了不同程度的金融恐慌。这些金融恐慌都是从上海开始，再波及中国其他城市的。

一次次的金融恐慌打击了中国的银钱业，而加强了外国银行对中国银钱业的控制。

甲午战争前最大的金融危机发生在1883年。过去一些学者认为，这次金融危机是由这一年秋季上海富商胡光墉的破产而开始的，新近的研究则认为这次危机在胡光墉破产之前就已经开始，导致金融危机的根本原因是市场投机,特别是股票市场投机。

19世纪70年代以后,随着中国洋务运动的发展,在洋务企业轮船招商局和开平煤矿开办成功的鼓舞下,80年代初许多省份试图通过在上海等地市场上发行股票以建立合股公司。许多商人和钱庄等也参与了股票交易,股票投机在沿海一些地方流行开来,到1882年已出现了"每一新公司起,千百人争购之以得股为幸"的景象,形成热潮。其时股市上交易的股票达30余种,多为中国企业股票。股价越炒越高,例如招商局面值100两的股票,1876年时市价为40~50两,到1882年时已达200两以上,1882年10月达到270两,其他企业股票市价在这一段时间内也在上升。但是这不过是由于中国股市初兴时的狂热造成的,中国新企业的效益并不高,高股价难以持久。

在炒股热潮中,几乎所有的钱庄主都接受股票作押而放出贷款。进入1883年后股价暴跌,钱庄主们掌握的股票大部分贬值;再加上当时中法两国关系紧张,即将发生战争的不祥预感已使一些敏感的存户纷纷去钱庄提取存款,这一年夏季许多钱庄破产。

这一年秋季,人称"红顶商人"的胡光墉丝业投机失败,又加剧了金融危机。

胡光墉,字雪岩,他亦官亦商,又被认为是"深通夷情"。他曾在杭州等地开设银号,并经营出口丝业,设立胡庆余堂中药店等,富甲天下,是清同治、光绪年间有名的大商人。

胡雪岩在西征时期为清政府上海采运局官员,主持购运西洋军火等,他在代清朝大将左宗棠向洋商借还债过程中,在利息上做了一些手脚,趁机为自己大捞了一把。他开设泰来、通泉、阜康、通裕等钱庄和银号及阜康票号于京师、上海、镇江、宁波、杭州、福州及两湖等地,"各省公款及达官贵人私蓄多存于以上各庄号"。他以此为金融后盾,欲打破洋商对中国蚕丝出口业的操纵。

在80年代初,他买进大量生丝,并下令所属钱庄、商号等分支机构,在江浙两省之育蚕村镇发放定银,垄断这些地方的蚕茧收购,因而囤积了大量生丝。他使上海的丝价一度抬高到伦敦市价之上。

1883年意大利生丝产量上升,洋商联合起来与胡光墉斗法,上海各洋行停止买进新茧。10月,钱庄倒闭风潮已波及胡的杭州泰来钱庄。泰来倒闭后,上海阜康票号的存户闻风争相提款,使之被迫关门。11月,胡光墉已支撑不住,不得不大亏血本以低价卖出所囤积的生丝。不久他的阜康钱庄也倒闭,尚未倒闭的店铺也被官府查封。红顶商人胡光墉终遭破产的命运。

胡光墉的破产,使得上海市面更为恐慌,存户纷纷向钱庄提回存款,票号也收回放在上海钱庄的存银,外国银行也停止拆借,钱庄无处通融,纷纷倒闭。上海南北两市钱庄及各行业倒闭者达数百家之多。上海的股市一蹶不振。金融危机从上海开始,波及京师、汉口、天津、宁波、杭州等地,并立刻危及各地商业、农业和手工业等,对社会经济造成了很大破坏。

5 杂乱的通货

清代的货币制度实行白银与铜钱平行流通，而银、铜这两种币材之间并没有一定的法定价值相联系。白银用作政府的收支和商业上的大宗交易的通货，但是清政府没有按照货币管理的原则来管理白银，长期没有广泛流通的银铸币，一直停留在称量货币（银两）的阶段；对银锭、银块的铸造采取放任态度，银的成色和单位重量可以随时随地而异。铜钱用作民间的零星支付的通货，而清政府对铜钱的铸造却有严格的规定，不许民间私铸，只能由官府铸造。清朝称本朝官铸的铜钱为"制钱"，以区别于古钱。清政府对制钱的规格有法定标准。

实际流通的货币种类繁多芜杂。从银两来看，要区别是实银还是虚银。实银常铸造成锭，称作"宝银"。按其形状大小可以分为以下数种：

元宝——每只约五十两重，因形似马蹄路，又称马蹄银；

中锭——重约十两，多为锤形，也有作马蹄形的，也称小元宝；

小锭，又称锞子或小锞子——一般重一二两到三五两，状如馒头；

滴珠、福珠——零星碎银子，重量在一两以下。

银两的称量标准及成色，更为复杂。称银两的标准秤叫作"平"，但是这种作为标准的"平"本身却是五花八门：清政府征收各项租税用的叫"库平"，征收漕粮折银用的是"漕平"，海关征收进出口税用的是"关平"，对外贸易用"广平"（又称司马平），市场交易用"公砝平"（或公法平），各地的库平、漕平、"公砝平"（或公法平）等亦各不相同，全国各种"平"有上百种之多，令人头晕目眩。各地所铸宝银的成色也是高低不齐。

这些平色繁杂的银两，折算起来非常麻烦，阻碍了商品经济的发展，却为官吏敲诈百姓提供了一种借口，为钱商盘剥客户提供了一种手段。因银两平色不同，各地均设有专营铸造宝银的银炉（或称炉房，清代有官营和民营之分），设有专门鉴定宝银成色和重量的公估局。每个地方的银炉要将外地流通进来的宝银回炉重铸成当地的宝银，经当地公估局批定后才能在当地流通。经过银炉的铸造和公估局的批定，使得在当地市场交易时白银可按锭数授受，不必每次都经过称量和成色鉴定，为地方市场的交易提供了一定的便利。但是这些宝银如果流到其他地方去，又得回炉重铸，这样仍然给较大范围内商品经济的发展带来了不便。

虚银是清后期虚设的银两计值单位，有其名，无其物，为政府或民间所共认。虚银种类也很多，其中最重要者有：

纹银——清政府法定的一种银两标准成色，始于康熙年间，每百两纹银须升水六两才等于足银。各地实际使用的宝银多半比纹银成色高，所以折合纹银要有升水，例如上海通用的元宝每锭（五十两）合纹银五十二两七钱，须升水二两七钱，称作"二七宝"。其他如武汉的"二四宝"、天津的"二八宝"等均以此类推。

上海规元——上海通行的一种虚银两，只作记账用，其成色又比纹银低2%，亦称九八规元。其来源为道光年间来沪经营豆类的东北商人，年终时急欲得现银北返，不惜以九八折算。相沿之得名为九八豆规元。后来上海商业日繁，为了适应交易需要，1858年上海外国银行与商界公议将往来账目改为以规元计算。

海关银——亦称关平银、海关两，为近代中国海关征收关税时所用的银两计值单位。前后期所借外债及赔款等多以海关两计算。每100海关两折合上海规元111.4两。

虚银中其他较重要者还有天津行化银、汉口洋例银等等。

因为各地银两平色繁杂，即使是专门从事银钱业者，也需花很大工夫去记忆和辨别，所以银钱业流传着一些平码歌和口诀等。例如，过去山西票号就有这样一首口诀：

天津化宝松江京，纹银出在广朝城，上海豆规诚别致，公估纹银西安行；

票色重贵足纹厚，云南票锭莫忘情，川白锭出成都省，荆沙老银沙市倾；

二四估宝属武汉，桂梧化银记分明，常纹周在湘潭县，长沙用项银出名……

这些口诀银钱业者必须牢记的。

随着清代对外贸易的发展，流入中国的外国银元也逐渐增多，种类先后有几十种，其中重要者有西班牙本洋、墨西哥鹰洋、香港英属银元和日本龙洋等。

由于中国所铸元宝等形状不一，成色和平砝千差万别，给市场交易带来了种种不便，而外国银元重量和成色都有一定标准，制作也精美，使用方便，人们乐于接受，虽然成色较低，但它们对白银的作价却被越抬越高。有人计算，中国白银兑换外国银元要吃亏11％以上。洋商本来是用银元来买中国的茶叶、丝绸和瓷器等等，后来见到银元价格被抬高，就运来大量低成色的银元用来"买"中国白银，运回去铸成更多的银元再行运到中国，辗转往复，获利丰厚。中国却因清政府货币制度的落后而白白损失了数以千万两计的银子。

外国银元大量流入中国，既助长了外国资本主义对中国的经济侵略与掠夺，又使旧中国本已繁杂的通货变得更加复杂。但是在另一方面，外国银元的流入，也促进了中国的币制改革。

早在道光、咸丰年间，林则徐等就曾经一再向清政府提议自铸银元，但都遭到当权的守旧势力反对。后来由于外国银元的流通越来越广，对中国金融的损害越来越大，清政府不能再漠视了，终于在1887年批准两广总督张之洞的提议，在广东设造币厂用机器铸造银元。广东造的银元每枚重七钱二分，与当时在中国广泛流通的墨西哥银元相仿，因其背面铸有蟠龙纹，俗称"龙洋"。清政府下令所有捐税钱粮的征收等均得使用这种银币。民间交易也将其与墨西哥银元同样看待,所以它的流通较为顺利。它是中国正式铸造新式银币的开端。

清朝在京师设有宝泉局、宝源局,分别归属户部和工部,在各省设置了数十个铸造局,专铸铜钱。每文铜钱重量,清初时法定为一钱,后来又或增或减,屡经变化。这主要是因为铜钱本身所含金属量与其价值不可分离,量过轻易引起民间私铸,量过重则易引起销毁,需要摸索出一个适中的量,而市场上铜材价格又在不断波动。

清前期制钱分量较重,每文一度重达一钱四分,市场上铜材又稀贵,民间私毁制钱改铸器物之风很盛,虽严禁而不止;咸丰以后,每文制钱法定重量减至八分,其中铜的成分也降低,杂质成分增大,这又招致民间私铸成风。而且各地的铸造局所铸制钱的重量成色,多不按清政府的统一规定,即使是设在京师的宝泉和宝源两局,也有所谓"局私",公然以降低制钱的成色重量来牟利,外省各地方局所铸制钱成色等难免参差不齐。再加上各地私铸充斥,清代制钱品质极为纷乱。

总的来讲,如按先后年代将清代各种制钱实物进行比较,品质是一代不如一代,这导致当时物价不断上升,而使用制钱较多的贫民受害也较大。

经过鸦片战争,清廷耗去巨额战费和赔款,财力衰减。接着太平天国革命战争爆发,清政府军费支出浩繁，而因战区扩大使得财政收入锐减，清朝财政十分困难，在咸丰三年开始采取通货膨胀政策，铸造大钱。起初铸造当十、当五十、当百大钱，后来又进一步铸造发行当五百、当千大钱，并加铸当十铁大钱。为铸大钱，各省纷纷增设铸造局，民间私铸者风起云涌，市面上大钱迅速贬值。商民们用种种办法，包括关门闭市等，来拒收大钱，特别是铁大钱，清政府的大钱制度迅速失败。

在大钱出笼不久，清政府又开始发行纸币。咸丰三年发行了以银两为单位，面额为一两、三两……五十两的官票（亦称银票），和面额为二百五十文、五百文、一千文……百千文的钱票（即大清宝钞）。这种纸币的滥发，加剧了物价上涨。同治初年清政府下令地方政府收税时停止收纸币，改收实银，不久纸币几乎成为废纸，咸丰年间清政府的纸币政策也失败了。

太平天国定都南京后，也铸造了名曰"天国圣宝"的铜钱。这些铜钱用料较好，铸造得法，刻工精良，与当时清政府在北京滥铸的大钱成为鲜明的对照。太平天国后期天王还批准颁行干王洪仁玕所拟的《资政新篇》，在这部发展资本主义的施政纲领中明确提出了兴办银行、发行纸币等主张。这在中国近代金融思想史上是很可贵的一页。

清代初期，民间钱业和当铺等发行的银票就已经在社会上流通，后来又出现了流通性更大的钱票。

咸丰以后，民间发行的私票在市面上流通更广，种类也更多，其中有些相当于定期本票，有些是即期票（相当于真正的钞票），发行者有各地钱庄、银号、票号、当铺、银炉等，甚至还有一些是商店发行的。由于民间这些银票和钱票等信用较好，便于流通，所以当咸丰年间政府发行的纸币被清理时，民间的私票仍然在各地流行着。

清道光年间洋商向中国大量倾销鸦片，他们常在鸦片船到达中国之前，预先向中国人出售鸦片订货单，等鸦片船到岸后再由持单人凭单提货。鸦片战争后由于鸦片贸易的盛行，这种鸦片订货单居然在中国沿海一些地方成为类似于过去日本"米券"一样的流通媒介，充当起了某种"纸币"的角色。

咸丰年间沿海地区已经出现了外商发行的真正意义上的纸币。后来英商麦加利银行、汇丰银行、德商德华银行，法商东方汇理银行等纷纷把发行纸币作为它们吸收中国资金、扩张它们的金融势力的一个重要手段。外钞在中国流通量不断增大，到19世纪80年代时，仅汇丰银行在厦门一地发行的钞票就有六七十万。正如近代一洋务官僚所感叹的那样：外国银行"以数寸花纹之券，抵盈千累万之金"。随着中外贸易网的扩大，外钞不仅广泛流通于中国沿海口岸市场上，而且已经深入到汉口等内地城市，到90年代时外钞已成为中国通货种类中一个重要的组成部分。

外商银行钞票的广泛发行，加重了外国资本对中国人民财富的掠夺程度，也加重了近代中国通货杂乱的程度。

三 半殖民地半封建社会形成时期（1895～1927）

19世纪末20世纪初资本主义列强相继对中国发动了甲午战争和八国联军侵华战争，腐朽的清政府在这两次战争中都遭到惨败，使中国的民族危机更加深重。

这一时期正值世界资本主义过渡到帝国主义阶段，金融资本成为资本主义世界的实际统治者，各资本主义强国在世界范围内抢夺殖民地、重新瓜分世界的斗争也日益激烈起来。

这时资本输出有了更为重要的意义，而执行对华资本输出的最重要工具就是各国在华银行。外国金融资本通过大量借款等，加强了对清政府的财政金融控制。中国半殖民地经济已经形成并不断加深。清政府为了挽救财政经济危机，设立了一些新型的中央和地方官办金融机构，民间新式金融业也开始兴起并有所发展。

在激烈的民族矛盾和阶级矛盾中，1911年爆发了辛亥革命，推翻了清政府，结束了封建王朝在中国的统治，于次年建立了中华民国。以袁世凯为首的北洋军阀攫取了民国政权。

民国初年，外国金融资本通过组织国际银行团垄断了对华贷款，进一步加强了对中国财政金融的控制。袁世凯复辟帝制未成而身死，各派军阀之间又混战了十来年。

在这一段动荡的年代里，社会上频繁出现金融恐慌。这一时期中国新式银行业继续有所发展，与此同时一些旧式金融机构走向没落，中国的币制也出现了一些变化。

外国在华金融势力的扩张

甲午战争中国战败后，被迫要向日本支付白银2亿两的巨额战争赔款和3000万两赎辽费，清政府第一年即须付1.3亿两。当时清政府全年财政收入不到9000万两，支付巨额赔款显然有困难，于是被迫举借空前规模的巨额外债。对华贷款成为帝国主义列强剧烈争夺的对象。

为了支付对日赔款，清政府不得不举借俄法借款、英德借款、英德续借款等三大笔外债。西方列强趁机要挟清政府，提出非常苛刻的借款条件，要以中国关、盐税为担保。如果中国政府到期不能偿还本息时，债权国有直接经各通商口岸征收之权。从而，中国财政经济命脉便为帝国主义列强所控制，而经手贷款的外资银行势力成为实际的操纵者。

1895年俄、法合资成立了华俄道胜银行，并强迫清政府在俄法借款中划出500万两银来"入股"。清政府所入华俄道胜银行的"股银"相当于俄法投资总额的70%左右，却连一个董事席位都没有，华俄道胜的实权被俄国人所控制。

华俄道胜银行的总行设在俄国的彼得堡，并在中国的上海、汉口、天津、烟台、哈尔滨、大连、北京等地广设分支机构，其范围之广，进展之速，是外国在华银行历史上前所未有的。它在中国获得了广泛的权利，不仅从事一般商业的资金融通，而且扩大到仓储、保险以至不动产的经营买卖；不仅从事财政贷款和企业投资，可以参与中国境内铁路的修建、电线的架设和矿山的开采，而且可以为中国政府承包税收、代理国库、购买军火、发行货币。它是银行，但又超出了银行。它的一个地方代理处就可以直接向清政府要求设立俄国驻当地的领事官。外文报纸称它为俄国"在中国的中央政府"。

继华俄道胜之后，外国资本在中国又新设了美资花旗银行、比利时华比银行、日资朝鲜银行和台湾银行等20多家银行和100多处分支机构，老牌外资在华银行也不断增设分支机构，外资银行比前一时期以更大的规模和更快的速度发展，形成了一个遍布中国的外资金融网，并出现了英、法、德、日、俄、美六强鼎立、相互竞争的局面。

中国刚刚付清对日赔款不久，帝国主义列强又于1900年（庚子年）发动八国联军侵华战争，迫使清政府于1901年（辛丑年）签订了《辛丑条约》。该条约规定中国赔偿各国4.5亿海关两,历史上称之为"庚子赔款"。这一赔款数额如此巨大,举当时清政府四年的全部财政收入仍不够支付,因此不得不分39年摊付,年息4厘,本息共近10亿两银。帝国主义列强选择汇丰、德华、道胜、东方汇理、花旗、正金等银行组成委员会(the Indemnity Committee of Banks)代表各国接收中国每年所交赔款,并在各国之间分配这些款项。后来荷兰银行和比利时华比银行也参加了这一委员会。

庚子赔款不仅是中国空前沉重的负担,在世界史上也是罕见的。即使这样,帝国主义者尚不满足。起初几年赔款本息是按银两支付的,20世纪初世界银价下跌,帝国主义列强又强迫清政府从1905年以后将赔款折算成1901年时的外国金币价支付,并要清政府加付1905年前所谓"镑亏"800万两给各国,清政府本来已被接连两次大赔款搞得焦头烂额,这800万两也支付不起,不得不又向汇丰银行举借外债(即1905年"镑亏借款")来支付。

庚子以后,每年按期偿付的外债本息及战争赔款达4000多万两,"几占清政府财政支出的半数",所以,每年到外债还本付息时节,金融市场便不可避免地出现不同程度的波动。此时,汇丰等外资银行就利用其对国际汇兑的垄断地位,"缩小"外汇牌价,仅在中国历年偿还主要外债时汇丰利用缩小汇率所盘剥的收益就有约1500万元(到1937年)。

在众多外资在华银行中实力最强的仍然要数英资

汇丰银行。

生根于中国这块肥沃土地的汇丰银行，资本已一再增殖，而利润也一再增长，实力大为增强，到19世纪末时已被人看作是"一家在全世界具有影响的银行"了。到20世纪初期汇丰银行已经"实际成为中国外汇市场上白银汇率的独裁者"。

其他国家的金融资本对汇丰的霸权地位不断进行挑战。例如，在后起的日本金融界中，就弥漫着与先行的英国银行资本相抗衡的浓厚气氛。正如日本三井银行总经理对他的同行所说的那样，"在汇丰银行面前，你们切不可低头，而应昂首同他们平起平坐"。

甲午战争以后，日本加紧了对我国东北的侵略，横滨正金银行在其中扮演了急先锋的角色。它在20世纪头十年时间中，迅速在牛庄、大连、辽阳、旅顺、沈阳、铁岭、安东、长春、哈尔滨、开原、头道沟、公主岭等地建立了分支机构，基本上形成了一个覆盖"南满"并扩及"北满"的金融网，其中大连分行作为正金银行在中国东北的统辖行。日本侵略势力利用这套金融网充当它在中国东北势力范围内的"中央银行"。在日俄战争后第一年，日本外务、大藏两省就向正金银行下达了关于统一整理"满洲"货币的指令，实施以日本银元为基础的币制。不久，正金大连分行就发行了1元、5元、10元、100元四种以银元为单位的银行券。后来为了实现与日本国内币制统一的目标，又发行了金券。日本政府还赋予正金大连分行代理日本总金库的职权。正金银行也把对日本在东北的殖民机构——关东都督府——的贷款,作为一项主要业务。关东都督府成立初期,正金银行对它的贷款,大大超过了它本身财政收入的总和,这对日本在中国东北的殖民统治,起到了重要的支撑作用。

与此同时,正金银行在香港、天津、北京、烟台、汉口、青岛等地,也设立了分支行或办事处。而它原来在上海的办事处也升级为分行,并被定为"中央统务行",负责结算各分行的汇票业务,平衡各分行的汇兑往来,以实现"促进对华贸易为第一目标"的营业方针。

1897～1913年间,正金银行在关内经营的汇兑总额,由0.32亿日元上升到2.82亿日元,增长了7.8倍。

作为日本国家银行的日本银行也经常以贷款方式帮助正金银行"推进对华贸易"。例如1897年日本棉纱在国内大量积压滞销,日本银行立即向正金银行提供资金,以便正金银行贷款于日本纱厂,直接运纱到中国,加强日本棉纱在中国市场的竞争力,使日纱在中国市场的销量连续翻番,并迅速赶上了原有的英印棉纱。

这一时期列强实行"以铁路和银行征服中国"的策略,铁路的建筑也成为列强在华扩大侵略、争夺势力范围的重要工具。

帝国主义对中国路权的控制方式主要有两种,一种是由外国直接投资承办,路权被投资国完全控制,如德国人在山东所做的那样;另一种名义上是由中国政府借外债"自办",但是该铁路的主要管理和重要技术职务都操于债权国之手。后一种方式所占比重较大,因此,铁路借款成为这一时期外国对中国政府贷款的重要内容,同时也是帝国主义列强之间矛盾斗争的一个焦点。汇丰等外资在华银行在帝国主义列强争夺铁路权益的斗争中发挥了重要的作用。

在民国初年善后借款谈判时,英、美、法、德四国政府和金融资本认为它们联合垄断对中国政府的贷款利益,可以使列强对中国"实施必要的控制"。为了防止俄、日两国破坏它们的垄断,它们就以保留日、俄对满洲、蒙古的特权为附加条件,加上俄、日两国,组成六国银行团,联合向袁世凯政权提出种种苛刻贷款条件,要对中国财政实行全面监督并插手中国盐政。国际银行团还通过各国政府向袁世凯施加压力。

在银行团内部,六个帝国主义国家在对于中国财政和借款用途的监督问题上,尤其在中国财政、币制、银行、审计院、国债局、盐税稽核所等机构外国顾问人选的分配问题上,发生了激烈的争夺。美国财团对于英国在对华借款上的优先地位非常不满,于1913年3月退出银行团,六国银行团又变成五国银行团。五国银行团由汇丰、东方汇理、德华、正金和道胜等外资银行分别代表英、法、德、日、俄五国权益而组成。

1913年4月袁世凯急于要用大笔军费扩大自己实力,镇压"二次革命",所以不顾全国人民反对,不通过国会批准,与五国银行团签订了《善后借款合同》。

善后借款名义上为2500万英镑,除去折扣及手续费、汇费等，中国实收只有2022万英镑，而日后还本付息再加手续费等共要付出6899万英镑，"几为实借款数的3.5倍"。外国金融势力不仅获得4877万多英镑的巨额利润，还获得在数十年借款期限内中国盐税收入保管权、借款用途控制权、中国盐政管理及财政监督等等侵略特权，进一步控制了中国的财政经济命脉。

中国新式银行业的兴起

19世纪中叶以来，中国不少有识之士如洪仁玕、容闳、郑观应、陈炽等，都曾提出国人自办银行的主张，但是直到外资在中国设立银行50年之后，中国仍然没有自己的新式银行。

1896年督办铁路事务大臣盛宣怀也上奏提出，自办银行可以"通华商之气脉，杜洋商之挟持"，可以发行钞票，经办国债等；盛宣怀还将创办银行与修筑铁路进行了比较，认为"铁路收利远而薄，银行收利近而厚"，他的主张投合了清廷当政者欲解决财政困难的心意；再加上当时兴办工矿交通事业，挽回利权的群众运动已经高涨，要求自办银行的呼声也很高；外商银行的高额利润，及其咄咄逼人之势对清政府也有很大刺激，因此光绪皇帝及军机处大臣等经过一番商议，才批准了盛宣怀关于自办银行的奏请。之后，由盛宣怀招商集股，经过一番紧张的筹备工作，于1897年在上海设立了第一家华资新式银行——中国通商银行。

中国通商银行名为商办，实为官商合办，在它的250万两开办资本中盛宣怀等官僚股份及洋务企业招商局、电报局的股份占了大半。这一银行的存款也主要来源于官款，它刚一成立，户部就拨存100万两银以示支持，以后陆续有官款存入。清政府还授予该行发行纸币特权，发行银元券和银两券。盛宣怀还一再奏请清政府尽可能将官款汇兑业务交给通商银行办理，在他的努力争取下，通商银行的官款汇兑业务逐渐开展起来。清政府所借的铁路外债也都由它经手办理存汇业务。它与盛宣怀控制的招商局、电报局及其他一些洋务企业有较多的业务关联。

总之，通过盛宣怀同清政府的种种联系，是通商银行初期得以立足的根本。

尽管通商银行享有种种优惠和便利，但是它的发展比较缓慢，这与它的管理体制有关。

通商银行的组织管理特点是既盲目崇洋又守旧腐朽。一方面它过分地模仿汇丰银行，也设立了"洋大班"管理体制，总行和各重要口岸分行的业务经营实权都聘请洋人来掌管，总行的账册、簿据亦全用英文记载；另一方面它又带有浓厚的封建衙门习性，它的董事会成员是由盛宣怀一人指派，而非股东会选举产生，各分行的分董或经理也多由退职官吏、候补道员及豪绅等担任，这些人不懂经营，反把衙门习气带入银行。由于通商银行管理体制混乱，用人不当，其经营状况陷于落后、腐败和停滞之中。

进入20世纪以后，新的华资银行不断设立，据统计,截至1911年,共设立了30家华资银行,其中官办和官商合办的有13家。

清政府甲午战后在各省普遍设立官银号、官钱局等,进入20世纪后有不少地方官办和官商合办的银行是由这些官银号、官钱局改组而成。

这一时期设立的商办银行多数成立不久就停歇了,所以官办和官商合办的银行占据了主体地位。其中最重要的银行应是户部银行(1908年后改称大清银行)和交通银行。

户部银行1905年8月成立于北京,不久又在天津、上海、汉口、济南、张家口等地设分行。户部银行以股份有限公司形式组建,开办资本400万两,其中一半为清政府户部的官股,另一半由私人(外国人除外)自由认购。户部银行名义上是官商合办,而实权则操于官府手中,其正副总办均由户部派任。不过,该行在用人方面注重聘请一些知名商人担任总行和各地分行的经、协理,利用这些商人逐渐开拓了业务。按照该行章程规定,它的营业项目为:"专作收存出放款项,折收未满限期票及代人收存紧要物件……"清政府给予它铸造硬币、发行纸币、代理国库等特权,相当于国家银行。

户部银行的业务有较大发展,到1911年上半年它吸收的存款已达6339万两,比中国通商银行同期吸收的存款高出30多倍。

交通银行是1908年由邮传部设立于北京的一家官商合办银行,开办资本250万两,邮传部官股占四成,其余六成"无论官民，均可认购"。其总理和协理均由邮传部派官吏充任。交通银行的章程规定该行设立的宗旨是"利便交通"，振兴轮船、铁路、邮政、电讯这"四政"，而实际经营业务则"多局促于官款之调拨一途"。它在上海、天津、汉口等地设立了20多个分行。它吸收的存款主要以政府机关为主，至1910年时达2370万两，虽不及大清银行，但比中国通商银行要大得多。

辛亥革命爆发，大清银行宣告停业。不久，原大清银行部分商股股东联合上书南京临时政府，建议将大清银行改组为中国银行，承担中央银行的职能，这一建议获临时政府批准，1912年2月中国银行开业。后来它成为北洋政府的中央银行，资本初定为6000万元，官商各半。该行设总裁、副总裁各1人，由财政部报政府任命。由于民国初年财政总长更迭频繁，所以中国银行总裁和副总裁也不断更换，曾在4年间换了9个总裁。该行的业务主要是代理国库，承汇公款，发行钞票等。

交通银行也于1914年修改了章程，改股本总额为1000万两，继续经营轮、路、电、邮"四政"的收支，同时分理国家金库、国内外汇兑及发行钞票等业务。

中国银行和交通银行成为北洋政府的两大财政金融支柱。

进入民国以后，促进华资金融业发展的有利条件更多了。首先是民初新政府对建立新经济制度作了较多的努力，在一定程度上促进了国内工商业和金融业的发展；二是1914年又爆发了帝国主义列强争夺世界霸权的第一次世界大战，大战期间及战后最初几年恢复时期欧洲列强无暇东顾，放松了对华经济侵略，中国民族工商业进入了发展的"黄金时代"；三是此时，一向控制中国金融市场的外商银行势力，因在战时受各自母国经济支援削弱，感到资金周转拮据，放松了对中国金融市场的盘剥，有些外商银行还不时向华资银钱业拆借款项；此外，北洋政府财政困窘，经常需要向银行借贷，并通过国内金融机构大肆发行公债，这也在某种程度上促进了一些华资银行的发展。

这一时期，华资银行业，特别是商办银行业发展较快，1912～1927年间新设华资银行共302家，其中商办银行有247家，占新设银行总数的八成多。1919～1923年是商办银行设立最兴旺的时期，平均每年新设近30家商办银行。一些银行并以与实业挂钩为标榜，如由农业促进会主办的中华农业银行公司，垦殖协会主办的垦殖银行，工业建设会主办的劝业银行和铁路协会主办的铁路银行，以及各省地方举办的实业银行、矿业银行乃至渔业银行等等。

在20年代以后，一些华资银行加大了对本国工商业的放款。边远地区也传来设立银行的信息，西藏有设立银行的传闻，蒙古也有设立银行的试探。华资银行业出现了前所未有的发展局面。

但是这一时期也有约一半的银行停歇，这些银行多以投机为其经营主旨，寿命不长。经过优胜劣汰，一些经营较好的银行生存下来，实力也有了较大的增长。

以实收资本、公积金和存款三项合计，主要华资银行的总实力在1918~1926年八年间增长了2.5倍。这时的华资银行已经具有与外资银行和钱庄相抗衡的实力（见表3-1）。

表3-1　中外银行和钱庄资力比较（1925年）

	实收资本与公积金金额（百万元）	比重（%）	资力（百万元）	比重（%）
外资银行	193.8	35.4	1141.2	32.1
中外合办银行	48.2	8.8	162.7	4.6
华资银行	205.5	37.5	1453.7	40.8
钱　　庄	100.0	18.3	800.0	22.5
合　　计	547.5	100.0	3557.6	100.0

注：资力包括实收资本、公积金、盈利滚存、存款和发行兑换券之和。

资料来源：根据唐传泗、黄汉民《试论1927年以前的中国银行业》（载《中国近代经济史研究资料》第4辑）表7缩编。

这一时期除中国银行和交通银行外，发展较好的华资银行有"南三行"和"北四行"。

"北四行"是金城银行、盐业银行、中南银行、大陆银行这四家商办银行的统称。它们的大股东多为北洋政府的军阀与官僚，能得到北洋政府的支持，发展较为迅速。"北四行"于1922年成立了"四行联营事务所"，初期做些联合放款业务，后又建立四行联合准备库，共同发行中南银行的钞票，由于准备充足，信誉卓著；1923年又开办四行储蓄会，吸引了社会上的大量存款。

"南三行"是上海商业储蓄银行、浙江兴业银行、浙江实业银行的统称。这三家商办银行以上海为基地，在经营业务上相互声援、相互支持，它们之间的一些董事、监事也互相兼任，它们之间虽然没有联营事务所一类的组织形式，但实际上受到了联营互助的成效。

上海商业储蓄银行（简称上海银行）是"南三行"中的后起之秀。它成立于1915年，开办时资本不足10万元，比"南三行"和"北四行"中其他银行要小得多，甚至连一家大钱庄也不及，所以人称其为"小小银行"。由于该行总经理陈光甫等管理严密，善于用人，经营富于创造性，抱着"人争近利，我图远功；人嫌细微，我宁烦琐"的宗旨，开创了一元储蓄等多种零星储蓄以吸收存款，业务发展很快，到1926年时其资本已增至250万元，吸收存款达3000多万元，其分支机构已遍布全国，成为华资银行中的佼佼者，被人视为奇迹。

在华资银行的经管人员中还涌现出一批近代著名的银行家。除上面提到的陈光甫外，中国银行的宋汉章、张嘉璈，交通银行的钱永铭，金城银行的周作民，盐业银行的吴鼎昌，浙江兴业银行的叶揆初，浙江实业银行的李铭等，都是华资银行界的栋梁之才，经济领域的风云人物，对中国近代金融事业的发展作出了重要贡献。

3 票号的衰落和钱庄的继续发展

清后期，票号与清政府关系不断加深，这也连带使票号经营方针上带有较为浓厚的封建性。

进入20世纪以后，一方面由于清政府每年必须偿付大量的外债和庚子赔款，各省、各关每年必须因此按期上交大笔款项，这些都主要依靠票号汇兑，促进了20世纪初票号业的更大发展。票号业手中掌握了大量的运营资本，也开始向近代工商企业放款，显示了票号经营业务的新动向；另一方面，外国在华银行在垄断国际汇兑之余，已开始插手中国国内汇兑业务。中国新式银行业的兴起，也逐渐成为票号业有力的竞争对手，前面所说的中国通商银行、户部银行、交通银行等已逐步将原来由票号把持的官款汇兑业务夺了过去。面对这些新情况，一些头脑清醒的票号经理人向票号业主提出了警告，建议实行变革票号经营方式。但是这种改革倡议却遭到票号内部守旧势力的强烈反对，始终不得实现。

守旧的票号业在1910年上海橡皮股票风潮和1911年源丰润银号破产等金融风潮中接连遭到重大损失。而1911年辛亥革命，推翻了与票号关系密切的清政府。随之而来的社会大动荡，又使票号遭到极大的打击。票号业由鼎盛迅速转为衰落。日升昌、天成亨、蔚泰厚等十多家夙具声誉的票号，虽经多方努力，仍无法摆脱衰败命运，终于在辛亥革命以后几年中，先后落入闭歇清理的命运。

此后尽管仍存有几家票号在极力支撑，但毕竟难以扭转整个行业的衰落景况。

中国的钱庄业在清末民初时，也遭到历次金融风潮,如"贴票风潮"、"橡皮风潮"及"信交风潮"等的一再打击,但是从这一时期总的情况看来,钱庄业仍然继续有所发展。以上海为例,在1912~1926年间上海钱庄数目由28家上升到87家,资本增加了11倍多,每家平均资本额也增长了3倍多。原来和产业界联系甚少的钱庄,现在也开始面向民族资本的工业企业。上海著名的福源钱庄,在1925~1927年的三年之间,做过31笔工业贷款,总额达219万元。

这个时期的钱庄欠款,也多一改过去单凭个人信用的旧习,趋向实物抵押放款的新规。这对借贷双方关系的巩固和资金投放的有效运用,都起了促进的作用。

其他地方的钱庄也有所变化,如济南的钱庄中创设于清朝的一般资本小,经营上较为守旧。而民国期间创立的钱庄数量较多,已占当地钱庄的60%;规模较大,资本一般达5万元,甚至有达30万元的;在经营上也"多有种种新气象","其所经营之事业,多只限于普通之银行业务,如借款、存款……等,鲜有从事于投机事业者"。

在内地及在一些中小城市,如长沙、芜湖、绍兴等地,钱庄的势力仍然很大,以至当地的"金融机关完全以钱庄为中心"。

4 风潮迭起

清末民初,帝国主义在华金融势力已经深入到中国各大商业中心城市，控制了各大商埠的货币市场。中国旧式金融机构，如钱庄、票号等，基本上成为外国银行的附庸，只要几家主要外国银行拒用钱庄庄票，就会使得各商埠不断发生货币危机和信贷危机。

这一时期由于社会动荡、金融投机盛行，外商金融诈骗及政府举措失当等原因，大大小小的金融风潮频繁发生，给社会经济生活造成了一次次的冲击和破坏。其中影响较大、破坏较重的有1897年的"贴票风潮"、1910年的"橡皮股票风潮"、1916年的"京钞风潮"和1921年的"信交风潮"。

1897年，因贩运鸦片有厚利，上海市面现款紧缺，鸦片商们不惜以重利向钱庄借款，钱庄供不应求，也设法以高利吸收存款。上海协和钱庄首创以"贴票"吸引存款的方法，即凡以现金90元存入钱庄者，钱庄当即开给一纸面额为100元的半月期庄票，半月后可持票换取现金100元。由于这种办法吸收现金容易，很快推广开来，有些投机商还专门开设了经营贴票的钱庄。当时仅法租界公馆马路一带就开设了50多家这类贴票钱庄，其他地方的贴票钱庄也不少，甚至有在弄堂口粘贴一张牌号就经营贴票者。

经营贴票的钱庄不按常规经营，竞相以高出市场上一般水准的利率为诱饵来吸引居民持币购票，贴票利率最初为20%～30%，以后竟高达50%～60%。这类钱庄开出的贴票总额达到200万元左右。起初因贴票数额小，移东补西，尚可如期兑付，后因贴票数额越来越大，利率越来越高，终于发生了到期不能照付现款的情况。消息一传开，大家纷纷要求提款，投机商们的破绽马上暴露，市面越加恐慌，贴票钱庄相继倒闭，几乎全部倾覆。影响所及，不仅购买贴票的居民们蒙受巨大的经济损失，且不少没做贴票生意的钱庄也因受提款浪潮的冲击而搁浅。由于市场银根极度紧张，商业贸易也受到很大影响。

这是一次由鸦片贸易引起的钱庄筹资活动投机化而造成的金融风潮，人们称它为"贴票风潮"。

"贴票风潮"过后，上海钱庄的实力逐渐恢复。1908年英商麦边等在上海成立"蓝格志拓殖公司"，从事橡皮买卖，他们乘世界橡胶价格猛涨之机，鼓吹经营橡皮可获巨利。在他们的欺骗下，投机者风起云涌，争相向钱庄借钱购买橡皮股票，钱庄本身也受诱惑，在该项股票上投入巨资。汇丰、麦加利、花旗等外商银行亦破例做该项股票的押款，十足兑现，橡皮股票越炒越热。至1910年蓝格志股票市价被炒到超出面值的20多倍，麦边等外国骗子乘机抛出股票，携款卷逃。同时，外商银行也停止受押，并追索贷款。顿时橡皮股票价格一落千丈，成为废纸，持票人纷纷破产。

1910年7月，购入和受押橡皮股票为数巨大的上海正元、兆康等钱庄倒闭，引起连锁反应，以致约占半数的上海钱庄接连倒闭，酿成巨大风潮。当时外商银行还握有倒闭钱庄签发的庄票，它们纷纷持票向清政府要求索赔，最后由清政府向这些外商银行借外债来赔偿给它们，才算了事。

这是一次由外国骗子的诈骗行为而造成的金融投机风潮，中国人遭受了严重损失。史称这次金融风潮为"橡皮股票风潮"。

民国初年，袁世凯复辟帝制，掏空了国库。袁的亲信交通银行总办梁士诒为筹措庞大的军政开支，通过他所控制的中国、交通两银行滥发货币以补财用不足。1916年4月袁世凯被迫取消帝制后，继续筹措军饷，但中、交两行库存现银被北洋政府借垫挪用，实力已削弱，信用基础日益动摇。了解内情的人抢先提取现银，风声传开，引起京津地区中、交两行的挤兑，很快波及全国。5月11日，国务院下令中、交两行即日起一律停止兑付所有发行之纸币及应付款项，这无异于宣布北洋政府财政金融破产，形成了震惊全国的停兑风潮。风潮中，人们纷纷抛出钞票，抢购商品，有发行权的商业银行也连带发生挤兑。

在帝国主义控制下的海关、盐务、铁路等部门，不理睬北洋政府的停兑令，五国银行团申明不受"法令"约束，北京的外交使团威胁北洋政府，声称要采取保护"在中国财政利益之办法"。在外国势力的压力下，北洋政府只得部分修改停兑办法，允许海关、盐务、铁路等部门所收中、交两行的钞票照常兑换现银。

在这次风潮中，与江浙财团关系密切的中行上海分行正副经理宋汉章、张嘉璈为了维持本行声誉，利用外国租界的庇护，公然拒绝执行北洋政府的停兑令。这一行动得到了上海商业储蓄银行、浙江兴业银行、浙江实业银行的全力支持。这"南三行"基于自己的切身利益，或代表中行股东，或代表中行钞票的持票人，或代表中行的存户，以各种方式支持宋、张的反停兑之举。他们甚至对时任中行上海分行正副经理提出"假诉讼"，因为诉讼案一经成立，在诉讼未决期间北京的中行总行便不能撤掉宋、张的职务。中行上海分行商股股东还成立联合会，聘请外籍律师代表股东联合会管理中行上海分行财产，并保证中行照常营业，仍请宋、张具体主持。外国驻沪领事团出于维护上海租界市面，对反停兑之举表示"异常赞美"。当时的江苏都督、直系军阀冯国璋也发电认为"沪行办法极是，甚为佩慰"。

上海中行照常营业、照常兑现，靠自己的实力和有关各方的支持，经受了挤兑风的考验，信誉倍增，存款额随之迅速增长，发行的钞票广泛流通，为今后的进一步发展奠定了厚实的基础。

反停兑令行动的成功，实质上是江浙金融财团在与北洋政府较量中的一次胜利，此后中行逐渐摆脱北洋政府的控制而日益为以江浙财团为主的商股所掌握。

在1916年的停兑风潮中，北京、天津等地完全执行了停兑令，这些地方中、交两行发行的钞票被称为"京钞"，"京钞"停兑后迅速贬值，造成物价飞涨，现银逃匿，市场一片混乱。"京钞"对社会造成的不良影响十分深远。它经过多年整理后，直到1921年才在市面上绝迹。因此人们又称这次停兑风潮为"京钞风潮"。

第一次世界大战后中国工商业的不景气，使大量社会游资涌向金融和期货投机。1920年7月开业的上海证券物品交易所在短短半年时间盈利达50万元，年收益率近100%，其后在1921年春相继开业的几家交易所也都获利丰厚，这就诱使许多人视开设交易所为发财捷径，1921年夏季在上海掀起了争设交易所的狂潮。汉口、天津、广州、南京、苏州、宁波等地也竞相效尤。

尽管当时北洋政府法律规定设立交易所须经农商部审批，但因审批手续烦琐，颇费时日，许多人或者跑到外国租界去违背中国法令开设交易所；或请上海地方军阀擅自批准交易所开业；连北洋政府财政部也公然违背交易所法，派员到上海私设部办交易所，交易所的开设失去了控制。

从1921年5月起，新设交易所逐月增加，几个月间仅上海一地的交易所就多达130多家，其数目比当时世界第一经济强国美国还多几倍！

这几个月上海还开办了12家信托公司。这些信托公司和交易所的股价在人们投机狂热的驱使下一涨再涨，有的竟涨至面额的5～6倍；有的股票尚未发行，其认股证就可卖高价。许多交易所开设后并没有多少正常交易，而是热衷于互炒其他交易所的股票，利用社会公众的投机心理哄抬股价渔利。不少交易所还违背"交易所法"的规定，把本身的股票放到本所交易。有的人开设交易所时自己并不出资，只是空认巨额股份，再抬高股票售价，继而抛出自认的股票，一转手即获巨利，还使本来的空股成为实股。信托公司也与交易所合谋，一面以信托公司的股票充作交易所的投机筹码，一面用交易所的股票向信托公司押借款项。

数月间信托公司和交易所筹集的资本总额就远远超过了发展多年的全国银行总资本，形成了一个特大的经济"泡沫"。

随着冬季的到来，"泡沫"很快破灭了。由于投机盛行吸走了大量资金，加上时近年关，债主们按照中国的老习惯清账讨债，市面资金紧缺。银行和钱庄看到危情，停止贷款，加速了信交两业的崩溃。那些买空卖空的投机者们顿时告贷无门，周转不灵，"黑暗内容，一时尽露"，人们争抛股票，股价狂跌，开始了信交两业倒闭风潮。由于这些信托公司和交易所相互有着复杂的债务和信贷关系，一家倒闭往往拖到别家，引起连锁反应，这场风潮变成了一场大风暴。风暴过后，上海130多家交易所只剩下6家，信托公司也只残存2家。在大崩溃中，商号破产、商人自杀者时有所闻。有人认为该年是中国商业史上"最为痛心的一年"。人们称这次风潮为"民十信交风潮"。

四 全面抗战前十年
（1927～1937）

1927～1937年间，即从蒋介石等发动四一二反革命政变，建立南京国民党政府到抗日战争爆发前这一时期，虽然时间只有十年，但在金融史上发生了较多的重要变化。

在国民党夺取全国政权时，以江浙金融财团为首的江浙资产阶级曾经给予蒋介石等人以重要的支持，而蒋介石等建立了国民党政权后转而压迫江浙金融资本家，用政权力量通过胁迫、改组等手段，削弱商办金融资本地位，建立了"四行两局"官僚资本金融体系，为国民党政府进一步垄断全国金融和经济奠定了基础。国民党政府还通过"废两改元"和"法币改革"，实现了以往历届政府屡经拟议而未能实现的币制改革，加强了政府控制金融的力量，逐步使民族资本金融业成为官僚金融资本的附庸。

这一时期民间金融业继续向近代化方向发展，近代金融市场也有了进一步的完善，上海作为全国金融中心的地位完全确立。中国共产党在革命根据地先后建立了一些工农银行，逐步形成了自己的金融体系。

"四行两局"及官僚资本金融体系的发展

"四行两局"是国民党政府 1928～1935 年间为垄断全国金融和经济而建立的中央银行、中国银行、交通银行、中国农民银行这四行和邮政储金汇业局、中央信托局这两局的官僚资本金融体系的简称。

1927 年 10 月国民党政府颁布了《中央银行条例》，决定成立中央银行，规定该行为国家银行。用当时财政部长宋子文的话来说，中央银行的成立，"一为统一国家之币制，二为统一全国之金库，三为调剂国内之金融"。

经过一年筹备，中央银行于 1928 年 11 月在上海正式开业，宋子文兼该行首任总裁。中央银行开办资本 2000 万元，全部以国民党政府发行的金融公债抵充，并无一元现金。国民党政府授予中央银行经理国库、发行兑换券、铸造和发行国币、经办国内外公债和还本付息以及外汇业务等特权，使中央银行成为官僚资本金融体系的指挥中心。为了增加中央银行实力，国民党政府又于 1935 年用增发金融公债及银行垫支等办法将中央银行资本扩充到 1 亿元，使它成为当时全国最大的银行。

可以说，中央银行是国民党政府运用政权力量一手造就的。在中央银行成立后的 8 年间，随着国民党统治的强化，中央银行利用其特权地位，使其资产增加了约 25 倍，存款增加约 48 倍，纸币发行额增加约 28 倍，纯利增加了 70 倍，为"四行"中的"龙头老大"。

中国银行和交通银行在国民党政府刚建立时都已具有相当大的规模，实力居华资银行之冠。国民党要想垄断全国金融，就必须加强对中、交两行的控制。

1928 年 10 月，国民党政府对中国银行进行了改组，特许为国际汇兑银行，经营国内外汇兑及代理部分国库事宜和发行兑换券等，并将其总管理处从北京迁到上海，强行加入官股 500 万元，以公债预约券的形式拨给，还派入 3 名官方董事。不过，这时中国银行总经理由张嘉璈担任，国民党政府只是初步将势力渗入中国银行，该行的实权仍然掌握在江浙财团之手。

交通银行在 1928 年也遭到了插入官股、总行南迁等内容相似的改组。

但是，蒋介石等国民党实权人物并不满足于这样的改组。蒋介石在一封电文就曾提出，国家社会经济困难的原因，全在于"金融币制与发行之不统一"，蒋把这又怪罪于中国、交通两行不听命令，他要这两家银行"绝对听命于中央，彻底合作"。当时国民党政府的官股在中行的股本总额中只占 20%，在交行的股本总额中只占 10%，蒋介石等对这两家银行还难于驾驭。况且中央银行虽有种种特权，但其存放款等余额与中交两行相比，还是瞠乎其后，他们为了在金融领域取得统治地位，便于 1935 年 3 月趁全国金融危机，经蒋介石与孔祥熙、宋子文密谋后，以"救济金融"之名，操纵立法院通过1亿元公债发行案，用几纸公债券强行将中、交两行的官股分别增加到50%和55%，并改总经理负责制为董事长负责制，派宋子文任中国银行董事长，调张嘉璈任没有实权的中央银行副总裁（张辞不就，后俯首就任铁道部长）。宋的亲信胡笔江任交行的董事长，夺得了两大银行的主宰权力。从此，中、交两行成为国民党政府垄断全国金融和经济的工具。

中国农民银行前身是1933年成立的"豫鄂皖赣四省农民银行"。这家银行是蒋介石等为了进行对中央红军的军事"围剿"，在经济上配合国民党的农村工作及筹集"剿共"经费而建立的。中央红军实行战略大转移，开始长征后，蒋介石等对红军围追堵截，军事活动范围扩大，军费开支增加，因此于1935年6月国民党政府将四省农民银行改组为中国农民银行，资本总额增为1000万元，由财政部和各省市政府分别认股。该行除经营一般银行业务外，着重为国民党筹措军费，购置军粮，并发放农贷以控制农村经济，还享有发行"兑换券"、"农业债券"和"土地债券"等特权，成为国民党官僚资本四大银行之一。

中国自1896年创办邮政局，同时开办汇兑业务以来，至1929年时通汇的邮政局所共有2374处，全年开发汇票总额达1.3亿元，邮局的储蓄业务也已经开展起来，邮政部门兼办的汇兑储蓄业务可以伸展到全国各地。

1930年3月国民党政府通过法令，在上海成立邮政储金汇业总局，直属国民党政府交通部，负责邮政局所兼办的储金汇兑业务。到1935年时通汇局所已经增至9500处，储金总额也成倍增长。这年3月又将总局改组为邮政储金汇业局，改隶属于邮政总局。邮政储金汇业局的业务主要是举办活期和定期储蓄、邮政汇票、电报汇款等等，它是国民党政府吸收大量存款和汇兑资金的有力工具。

中央信托局成立于1935年10月，总局设在上海，各地设有分局或代理处。其资本总额1000万元，全部由中央银行拨发，首任董事长亦由当时的中央银行总裁孔祥熙兼任。

国民党政府为什么要设中央信托局呢？用孔祥熙的话来说，就是"因为政府方面有许多事要委托一个商业机关办理。同时，中央银行限于国家银行代理国库地位，事实上和手续上有许多不便"，所以设立中央信托局来代办。该局的主要业务是为国民党军队采购军火，垄断出口物资的收购，经营"公有"财物及政府机关重要文件契约的保险及保管事项，经理国营事业或公用事业债券股票的募集和发行，经收公共机关或团体的信托存款并代理运用等。它一成立，就因拥有特权和资本雄厚，成为国内最大的信托机构，并使其他信托公司和各银行信托部的信托业务都受到影响和排挤，当时人们将其喻为"信托之霸王"。

"四行两局"是国民党政府运用政权力量，或新设，或改组，而建立起来的官僚资本金融体系，这一体系的建立加速了资金的集中，为国民党政府进一步垄断全国金融和经济奠定了基础。到1936年时，中、中、交、农四行在全国164家银行中，实收资本占42%，资产总额占59%，存款占59%，发行钞票占78%，纯益占44%，在众多的银行中"四行"已是既享有政治特权，又在资力上占有绝对的优势，基本上控制了全国的金融命脉。

近代中国第一家银行中国通商银行在1935年"白银风潮"中发生挤兑，现银准备不足，被迫接受国民党政府的官股，改组为"官商合办"银行。它和四明商业储蓄银行、中国实业银行、中国国货银行都受国民党官僚资本控制，成为国民党官僚资本金融体系的附庸，俗称"小四行"。

这一时期除以"四行两局"为核心的国民党官僚金融资本体系以外，各省地方官僚资本银行也继续有所发展。它们由各省地方军阀控制，除经营普通银行业务外，还要代理地方政府金库，往往以发行地方钞票为弥补地方财政亏空的主要手段，有不少还兼营多种工商事业。例如，山西省银行是山西军阀阎锡山进行军阀割据的财政支柱，它发行的纸币称为"晋钞"，其流通范围随着阎锡山势力的扩张或收缩而扩大或缩小。1929年阎锡山联合冯玉祥、李宗仁等进行倒蒋战争，战事开始后"晋钞"曾随同军队流进华北诸省和中南、华东部分省区。倒蒋战争失败后，"晋钞"的流通范围又退缩回山西，并造成山西近代史上的第一次恶性通货膨胀。1932~1937年间阎对山西省地方经济进行了锐意整顿，并改组了山西省银行，整顿了币制，山西省城乡经济有了一定的发展，山西省银行也进入其发展鼎盛时期，到1936年底其资本总额增至2000万元，存款总额为2121万元。

四川省也是国内较早设立地方官僚资本银行的省份，1933年刘湘统一全川后逐步改组成立了四川省银行，使其享有发行辅币券和代理公库等特权，其业务经营标榜以"调剂全川金融，扶助经济建设，开发生产事业，促进农村复兴"为宗旨，其各项业务在全国各省地方银行中常名列前茅。

在北洋政府时期尚未设立省银行的湖北、江西、陕西等省在这十年中先后设立了地方金融机构。到1935年时，全国除东北外，各省市地方银行已有25家，分支机构331处，资产总额达到44750万元，成为官僚资本金融体系中一部分不可忽视的力量。

废两改元

近代早期中国通货的繁杂给市场交易、人民生活及社会经济的运行都带来极大的不便，国内有识之士一再提出废除银两制，改用银元制度的主张。

1910年清政府曾颁布《币制则例》，规定以银元为主币；1914年北洋政府也颁布《国币条例》，规定银元为本位币，并统一铸造新银元（因币面铸有袁世凯头像，俗称"袁头币"或"袁大头"），但由于钱庄业惯于从银两兑换中牟利，因而对此极力反对，外国银行团也借口过去债款都是以银两计算而阻挠，废两改元根本无法实行,所以直到30年代初,中国仍然实行银两、银元并用制度。

国民党政府为统一货币发行,在1928年全国财经会议上,提出了废两改元问题进行讨论,引起剧烈的争执:一派意见代表钱庄业的利益,借口银元来源恐有不敷等,仍然反对废两改元;而代表新式银行家的一派赞同废两改元。当时三大金融势力的另一方外商银行因掌握着进口生银大条,可以控制白银的供求盈亏,另外假如废除银两,对其自行挂牌的外汇行市估价权也有影响,所以多主张延缓废两改元。

1932年上半年,内地银元大量涌入上海,达5446万元,赞同废两改元者认为这是一个极好时机。1932年7月,宋子文代表国民党政府明确了废两改元的原则。一个由银行家和商业界代表组成的"废两改元研究会"成立,该会大力宣传废两改元,并就有关具体问题进行探讨。在社会舆论压力下,上海钱庄业也不得不表示原则上同意废两改元,但希望不要操之过急。

1933年3月1日,国民政府财政部发布《废两改元令》,宣布从3月10日起,先在上海实施废两,以上海规元7钱1分5厘合银币1元为换算率,市场交易一律改用银币计算,各种行市改标银元单位。同时由中央造币厂铸造新银币,其正面为孙中山半身像,背面为帆船图案,俗称"孙头"或"船洋",自发行之日起通行全国。4月6日,财政部又通令全国废两改元,规定从当天起,所有公私款项收付和一切交易,一律改用银币,不得再用银两。上海、汉口、天津等地的银行公会、钱业公会等纷纷作出了相应的遵行决议,这一币制改革基本上获得了成功。

废两改元,使中国币制开始走向统一,走向近代化,有利于商品经济的发展,具有积极的改革意义。这一改革也有利于中国金融业新旧势力的消长,钱庄等旧势力受到打击,新式银行业进一步占了上风。不过,这一改革也加强了国民党政府对全国货币发行权的控制。

3 白银风潮和法币改革

在30年代资本主义世界经济大危机中,美、英、日、法等主要资本主义国家竞相转嫁危机,相互之间展开了激烈的贸易战、货币战,把世界划分为美元集团、英镑集团、法郎集团等。在激烈的角逐中,美国政府在1933年12月至1934年5月,分别颁布了《银购入法》和《白银法案》,要在四年内每年收购白银2442万盎司,以提高白银价格。

美国政府之所以采取提高银价的政策,一方面是由于美国国内代表南方银矿主利益的白银集团不断向政府施加压力;另一方面要操纵世界白银市场,迫使当时仍然实行银本位的国家,特别是中国,投靠美元集团;提高银价也能刺激银本位国的购买能力,以利于美国推销剩余产品,转嫁经济危机。

世界市场银价一涨,作为用银大国的中国首当其冲,白银潮水般地向外流出,1934年中国白银净流出

1.80亿两,1935年又净流出1.86亿两。作为货币本位金属的白银大量外流,使得中国银根骤紧,利率高昂,一向靠银行贷款维持生产和流通的民族工商业顿时资金周转不灵,只得停业或倒闭,仅上海一地,就有不少纱厂、丝厂、面粉厂等停工,而商店倒闭者有500多家。工商企业停业倒闭者一多,一些资力薄弱的银行和钱庄的呆账增多,也面临停闭的命运,1935年上海一市民族资本银行倒闭了12家,占当时上海民族资本银行总数的17.9%。一年之中倒闭者如此之多,是旧中国自开办银行以来未曾有过的。一些未倒闭的银行,如中国通商、四明等,也不得不接受官股,成为官商合办银行。至于钱庄,倒闭、停业者则更多。这次风潮加重了中国的经济危机,其程度之严重,影响之广泛,超过了以往历次风潮。人们称这次风潮为"白银风潮"。

为了阻止白银大量外流,国民党政府于1934年10月下令增收白银出口税,并采取了其他一些措施。但是外资银行利用领事裁判权等特权将中国白银大量偷运出境,有的甚至在上海公开用兵舰装运白银出口,国民党政府对此无可奈何。在华北,日本人白银走私活动也十分猖獗。

在世界银价大幅度起落的一再冲击下,旧中国原有的银本位制已难以维持下去,进一步改革币制已是势在必行。

在此之前,一些西方金融学家,如1903年来华的美国康奈尔大学精琦教授,1912年担任中国政府币制顾问的卫斯林博士等，曾经多次建议中国币制改行金本位或金汇兑本位。

1929年美国普林斯顿大学甘末尔教授应国民党政府之聘来华研究币制改革问题，后来他提出了"中国逐渐采行金本位币制法草案"。但是在世界经济大危机的打击下，从1931年起英、日、瑞典等国相继放弃金本位，1934年4月美国也放弃了金本位。在这种情况下，中国改行金本位的方案未等实施，就已过时。美国的甘末尔教授又提出中国白银由国家集中、民间不得持有等主张。

在激烈的世界货币战中，英、美、日等资本主义强国都把中国的币制改革视为它们争夺中国货币控制权的关键时机。它们都力图掌握中国的币制，以便更有利于本国对华进行商品和资本输出，并进一步控制半殖民地中国的政治经济。

在美、日两国在华经济势力不断增长的情况下，英国不甘落伍，它为了维护其在华投资利益，于1935年3月倡议在上海召开中、英、美、日、法五国财政专家会议，但遭到美、日、法三国的抵制。它又派英国财政部首席顾问李滋·罗斯来华活动。李滋·罗斯在中国进行一番访问考察后，建议中国政府采用纸币流通的"法币政策"，并提出把中国货币纳入英镑集团的方案。

日本大藏大臣高桥等则提出"反对其他列强以联合或单独行动向中国提供财政和技术援助。如果中国需要这方面的援助，这种援助只能来自日本"。日本官方暗示孔祥熙等，日本可以向国民党政府提供巨额贷款来应付白银外流带来的危机，但中国必须满足日本提出的一系列苛刻条件，以利于日本对中国财政金融的控制。

国民党政府接受了采用纸币的方案，于1935年11月3日公布了《法币实施办法》，其主要内容是：

自次日（1935年11月4日）起，以中央、中国、交通三银行所发行的钞票定为法币。所有完粮纳税及一切公私款项之收付，概以法币为限，不得使用现金，违者全部没收，以防白银之偷漏；

中央、中国、交通三银行以外，曾经财政部核准发行之银行钞票，现在流通者，准其照常行使。其发行数额不得增加，并由财政部规定限期，逐渐以中央银行钞票换回；

法币准备金之保管及其发行收回事宜，设发行准备管理委员会办理；

凡银钱行号商店及其他公私机关或个人，持有银本位币或其他银币、生银等银类者，自11月4日起，交由发行准备管理委员会或其指定之银行兑换法币；

旧有以银币单位订立契约，应各照原定数额于到期日，概以法币结算收付；

为使法币对外汇价稳定起见，应由中央、中国、交通三银行无限制买卖外汇。

国民党政府还于同月15日公布了《兑换法币办法》及《银制品用银管理办法》等，限定各商号、公私团体及个人在三个月内将持有的银币或银块兑换成法币，以保证法币政策的实施。

这些政策实施的结果之一，是国民党政府一下子集中了 3 亿多元的白银。

法币政策的实施，在国内某些省份，如陕西、山西、两广等省，遇到了阻力。主要是这些地方的政府希望用自己发行的钞票作为法币。不过，这些阻力后来被一一克服，从全国来看，法币得到了推行，基本上收到了统一币制之效，实现了自清末以来，历届政府为克服币制紊乱屡经拟议而未能实现的币制改革，有助于商品经济的发展。它也使得国民党政府得以加强了对国内金融的控制。

法币的价值基础已不再是银本位，它也没有规定含金量，而是规定法币 1 元等于英镑 1 先令 2 便士半，以对英镑的汇率来表示法币的价值。这样，使得法币与英镑紧密地联系在一起，中国成为英镑集团的成员之一。国民党政府把集中来的大量白银运至伦敦抛售，换成英镑存放在英国作准备，以维持法币的稳定。

国民党政府的法币政策一公布，英国驻华公使立即发出英皇敕令，要求在华英商和英国侨民遵守国民党政府法令，接受法币，不再使用白银。汇丰、麦加利等英资银行也率先答应交兑库存白银给国民党的中央银行。

美国的态度起初不明朗，后来也对中国法币改革以好评，但是美国对中英金融联系加强非常嫉妒。美国政府于 12 月初决定暂停在伦敦收购白银。此时中国已将大量白银运至伦敦，而美国这一购银的大主顾一停止购银就使银价猛跌，20天左右下跌了约30%。国民党政府因而遭受了更大损失。再这样下去，在国际市场上将无人购银，中国将无力继续购买英镑作为外汇准备，法币基础就会发生动摇。这不仅打击了中国政府，连英国也感到了一定的压力。

1936年3月，国民党政府委派陈光甫为中国币制代表团首席代表赴美，经过谈判，在英国退让的情况下，于同年5月签订了《白银协定》，美国同意继续购买中国白银，但中国出售白银所得外汇和黄金必须存放在纽约，中国将法币原与英镑挂钩的做法改为同时与美元挂钩，1元法币等于0.2975美元，使法币成为英镑和美元的共同附庸。

法币改革使日本不法分子在中国走私出口白银的活动受到阻碍，而使日本帝国主义更为恼火的是国民党政府进一步靠拢了英美势力。日商在华银行带头反对交出白银，并竭力阻止其他外资银行将它们在华北的存银南运。日本侵略势力借口华北人民反对白银国有，大搞华北币制独立运动，阴谋使华北五省从中国分裂出去。日本政府竭力抨击法币改革，并派外交官责问国民党政府为何撇开日本，单独与英国协商。日本军部则气势汹汹地表示中国的法币改革是对日本的"公开挑战"，并加快了发动全面侵华战争的准备。

4 民间银钱业的变化

在国民党政权的建立和巩固过程中，曾得到了民间金融业资产阶级的鼎力相助。而在国民党统治初期,民间金融业也得到了一定程度的发展。

1927~1931年间,国民党政府为了筹措军费以建立和巩固其在全国的统治,先后发行了10亿多元的公债。这些公债利息一般在6~8厘,再加购买时五六折或六七折,所得利益约合年息1~2分。由于这些公债的高利性,吸引了银行、钱庄和富商纷纷认购,刺激了金融业的繁荣。

这一时期上海等口岸房地产价格的上涨及与此相关的投机活动,也促进了金融业的发展。

从1928年至1936年,全国新设银行128家,中途停业者仅23家,停业数占新设数的比例比北洋政府时期小得多。全国银行资本总额也从1925年的1.58亿元增至1934年的3.56亿元,增长了1.25倍。在"白银风潮"之前的几年间,主要商业银行的存放款金额都有了较大的增长,而且有相当一部分银行扩大了对工业的放款或投资。

1932年一·二八淞沪抗战爆发后,上海银根紧缺,金融动荡。上海银行界为协力应付恐慌,安定金融,经银行业同业公会集会讨论,决定由"南三行"和"北四行"着手筹备,并取得中国、交通两行支持,于同年3月成立了上海银行业联合准备委员会。

联合准备委员会成立后,由会员银行各自缴存一定的财产,发给公单、公库证和抵押证等信用工具,以此来融通同业间的资金。联合准备委员会的成立,起到了集中准备,调剂盈虚,实现同业互助以安定金融的作用。

1933年1月上海银行业又成立了票据交换所，使得银行的各种票据清算减掉了原来通过汇划钱庄的环节，节约了人力，缩短了时间，减少了大量票据清算费用的支出。

联合准备委员会和票据交换所这两个机构的成立，标志着中国民族资本银行业向近代化方向迈出了重要的一步。

但是这一时期民族资本银行业不断受到国民党政府的排挤和压榨。例如，在公债问题上，由于民间银行业承购和包销了大量国民党政府的公债，他们成立了公债基金委员会以维护自己的债权利益。国民党政府因公债还本付息负担太重，希望延期支付，或降低公债利率，这就损害了债权人的利益。1932年初国民党政府欲延期还本付息时还要与公债基金委员会商议。国民党政府作出有关维护债信的公开承诺后，才得到民间银行业的谅解。1935年底，国民党政府又要借发行"统一公债"为名，再次延期还本付息，并降低公债利率，虽然民族资本银行业对此不赞成，但是国民党政府羽毛渐丰，悍然违背诺言，发行了"统一公债"，而民族资本银行业只能唯命是从。随着官僚金融资本垄断程度的加强，民族资本银行业逐渐沦为官僚金融资本的附庸，这种状况到40年代就更为明显了。

随着银行业的发展，货币资金进一步向上海等大城市集中，这又促进了各类储蓄机构、信托公司、保险公司及其他金融机构的发展。

1927年以后，钱庄业因经营守旧及固有的组织制度已越来越难以适应社会经济的需要，而遭受了接二连三的打击。

钱庄以往用以沟通华商和洋商之间贸易的远期庄票，1927年后已经不再被外商银行所接受；经过1933年的废两改元，钱庄业一向顽固维护的银两本位已为银元本位所代替，钱庄无法再从"洋厘"、"银拆"中获利，其业务受到极大的影响；1933年上海银行票据交换所成立后，昔日钱庄掌握本国金融业票据清算的职能也已大大削弱；1935年的"白银风潮"更是带来了钱业的大恐慌，许多钱庄倒闭，钱庄的汇划制度事实上已被推翻。钱庄实际上已经成为资力小的银行，在业务上处于本国银行的从属地位了。

在钱业大恐慌中，官僚资本银行以"救济"为名，组织了"钱业监理会"，使残剩的钱庄只能在官僚垄断金融资本的"监理"之下苟延残喘。

5 上海——"东方的纽约"

这一时期国内金融市场十分活跃，尤其在上海，既有货币市场，又有资本市场；既有外汇市场，又有内汇市场；既有黄金市场，又有白银市场，真可谓门类齐全，营业鼎盛。当时上海被人们称为"东方的纽约"、"中国的华尔街"。

上海地处中国"黄金水道"——长江的入海口，地理位置十分优越。广阔而富饶的腹地为上海提供了丰富的土产，又可以消纳从上海流出的大量商品。上海在19世纪后半叶时已经成为中国最大的通商口岸，外贸占全国外贸总额的比重，从19世纪60年代起长期在50%以上，1907年以后虽然由于其他口岸的发展这一比重有所下降，但仍居全国第一，一般年份多为40%~45%。在外贸的带动下，到20世纪初期时，上海已经成为全国近代化程度最高的城市：它是全国近代工业中心，也是全国最大的内贸中心；它有全国最大的港口，有全国最先进的城市设施；铁路和公路使它从陆路通往江浙以及更远的内地，内河、长江、沿海和外洋四大航线使它从水路与国内外相连；20年代龙华机场和虹桥机场的修建，又使它进一步跨入了水、陆、空立体交通的时代。北洋政府统治时期，上海是全国南北两大金融中心之一。国民党政府在南京成立后，上海除了具备已有的经济优势外，由于上海金融业资产阶级与蒋介石政权之间素有联系，上海的金融业又获得了空前的发展。

这一时期上海的金融地位越来越远超北京，成为全国最大的金融枢纽。中国、交通两大银行的总行（或总管理处）由北京迁来这里，"四行两局"各自的总部都集中在上海；金城、盐业、大陆、中国实业等银行的总行也由于政治重心的南移而先后从北方迁来，全国著名银行中有81%把总行设在上海，上海不仅成为全国重要金融单位首脑机关的集中地，且集中了全国近半数的金融业资力。它是全国货币发行的枢纽，外汇和金银交易的总汇；巨额资金在这里集散、吞吐，辐射作用十分广泛；全国的借贷利率的升降和金银外汇行市的涨落也以它为转移；全国其他大商埠的内汇市场以上海的行市为基准，各大商埠都有申汇市场，各地买卖申汇，犹如买卖硬通货，或买卖币值坚挺的外汇一样。

上海这时已是全国最大的投资市场。这一点可以从证券交易上反映出来。1927年前北京和上海分别是中国北方和南方两大金融中心，北京证券交易额与上海大致相埒。而到了1933年，北平（北京）全年证券交易额仅相当于上海证券交易所交易额的0.5%。1934年上海债券成交额高达47.7亿元。1933年前上海的证券交易分别在上海华商证券交易所和上海证券物品交易所证券部两家进行。1933年5月31日根据国民党政府《交易所法》的规定，原上海证券物品交易所证券部停止营业，并入上海华商证券交易所。同时上海华商证券交易所进行改组，增加资本120万元，经纪人名额从55名增至80名。自这一年6月1日起，上海地区所有证券交易都由上海华商证券交易所一家办理。它在上海闹市区汉口路建了八层证券大楼，内有较好的交易场所和比较完整的设备，是全国乃至远东的一座专门从事证券交易的建筑，它所容纳的资金来自全国各地，成为中国最大证券市场所在地。

上海的资本市场不仅起了广泛吸收和集中资金的作用，也促使资金流向经济效益较好的企业和行业。例如，当著名爱国实业家范旭东的永利化学工业公司筹建硫酸铔厂时，上海的金城、上海商业储蓄、浙江兴业、中南等银行组织银团代为发行公司债券1500万元，使这家原来困难重重的新兴民族工业企业终于能够兴办起来。

上海的黄金市场到30年代时也日益发达，交易量逐年增加。1933年前上海的黄金交易分别在上海金业交易所和上海证券物品交易所两家进行，1934年9月证券物品交易所奉令将其标金交易业务合并于金业交易所，上海金业交易所成为上海唯一的标金市场。标金是标准金条（每条重漕平十两，另有大条重七十两者主要用于出口）的简称。按上海金业交易所规定，所内交易黄金分国内矿金、各国金块及金币、赤金、标金四种。实际交易以标金为主，其余三种交易数量极少，所以上海黄金市场习惯上多称为标金市场。二三十年代上海标金市场每年成交量"恒达三四千万条乃至五千万条之巨"。1935年法币改革后，上海标金交易减少。但是仍然可以说抗战前上海的标金市场，堪称"远东之最"。当时人称上海黄金市场"有组织，有规模，每日交易额至巨，虽不足与伦敦、纽约媲美，然凌驾法国、印度、日本而上之"。

1935年法币改革前，中国市场上流通的货币主要是白银，中国是用银大国，但又不是产银大国，所以现银的接济不得不靠伦敦、纽约等市场输入。

由伦敦、纽约输入的白银都铸成长块砖形，重量在980至1190盎司之间，人们称之为大条银。上海是旧中国白银进出口的总枢纽。英美大条银输入上海后，约有40%由上海银炉铸成本埠通行的宝银，约有一半以上转运天津、汉口等其他商埠。上海的各外商银行与伦敦等地白银市场的经纪人都有直接联系,它们掌握着上海金银进出口的吞吐,每逢世界市场上金贵银贱时,它们就大量运入白银;当世界市场上银价上扬时,又运出大量白银以牟取厚利。由于它们的买卖量巨大,因此伦敦银价的议定,常要探询汇丰、麦加利等银行在上海交易的多寡。无论从交易数量和其间的密切关系来看,上海都已成为伦敦银市场的一个重要分支。

旧上海外汇市场的组成者为外国银行、本国银行、汇兑经纪人、进出口洋行及商行、投机商等,其中以外国银行为主体。虽然有一些华商银行也开始经营外汇业务,但其交易量在整个外汇市场上所占比重极小。当时上海由进出口贸易所产生的结算,都由上海的外资银行办理,这就成为它们得以垄断中国外汇市场的坚实基础。另外,旧中国巨额外债的汇入及还本付息的汇出,外人在华其他投资款项的进出,以及华侨汇款等也都全部或绝大部分是通过这些外资银行的,这更增强了它们在旧中国外汇市场的垄断力量。特别是汇丰银行,它经手买卖的外汇总额,经常占上海外汇市场成交额的 60%~70%。汇丰银行上海分行每天上午 9 点 30 分挂牌公布各项汇率,由于它有足够的资力买卖外汇,因此它的牌价成为旧上海乃至旧中国实际有效的汇率。这种状况直到 1935 年法币改革后才有所改变。

上海的外汇市场、标金市场和大条银市场相结合,三者互相套做，资力雄厚，影响范围广大，甚至使别的国家的市场也受到影响。上海通过多角汇兑关系，与伦敦、纽约、东京等地的市场紧密联系，成为国际资金流动的重要场所。上海已不仅是全中国最大的金融中心，而且在远东也是数一数二的国际金融重镇。

6 革命根据地的金融

1927年蒋介石、汪精卫等先后发动了四一二、七一五政变，残酷镇压和疯狂屠杀共产党人和革命群众。为了挽救革命，同年8月1日中国共产党发动了南昌起义，并领导工农红军创建了中央革命根据地和湘鄂西、海陆丰、鄂豫皖、琼崖、闽浙赣、湘赣、湘鄂赣、左右江、川陕、陕甘、湘鄂川黔等革命根据地，出现了与国民党政权相对立的红色政权。蒋介石不断对各个革命根据地发动军事"围剿"和经济封锁。为了巩固革命根据地，发展根据地的经济，支援革命战争，中国共产党一方面发布法令，在根据地里取缔高利贷、典当等封建债务剥削；另一方面从1928年起陆续开办了一系列工农银行，发行苏区货币，在革命根据地建立了独立自主的货币金融体系。

在第二次国内革命战争时期，红色政权最早建立的金融机构是海丰劳动银行。1928年2月20日广东海丰县苏维埃发布通告，成立了海丰劳动银行，并发行银票。但不久国民党军队向海丰地区发动进攻，苏维埃政权撤往山区，劳动银行也随之撤出县城。1929年以后，在革命根据地又相继建立了赣南东古平民银行、江西省工农银行、赣东北特区贫民银行、闽浙赣苏维埃银行、闽西工农银行、鄂西农民银行、湘鄂西农民银行、鄂皖特区苏维埃银行、鄂豫皖省苏维埃银行、湘鄂赣省工农银行、湘赣省工农银行、川陕省工农银行、陕甘晋苏维埃银行等，这些银行都发行纸币，办理汇兑、储蓄、贷款等业务。

1931年10月第三次反"围剿"胜利结束，闽西、赣南两块根据地连成一片，中央革命根据地正式形成。同年11月在江西瑞金召开了第一次全国苏维埃代表大会，成立了中华苏维埃共和国临时中央政府。第一次执委会议决定成立国家银行，并指定毛泽民负责筹备。1932年2月1日，中华苏维埃共和国国家银行在瑞金正式营业，资本总额定为100万元。毛泽民为第一任行长。

中华苏维埃国家银行除经营一般银行业务外，由苏维埃政府授予发行钞票的特权，从1932年7月开始发行统一使用的银币券，面额从5分到1元共5种，并发行银质2角、铜质5分和1分的铸币。国家银行还接受苏维埃政府委托代理金库，各级行长兼任各级金库主任。中央根据地发行的两次短期公债（一次60万元、一次120万元）、一期经济建设公债300万元，均由国家银行代理发行和还本付息。国家银行还大力吸收存款，有重点地发放贷款，促进根据地经济的发展。

中华苏维埃国家银行成立后，其各地分支机构也陆续建立，其他各根据地的银行也相继改为国家银行的省分行。

由于国民党军队的包围和封锁，以及农村经济的分散等，各个根据地银行间的相互联系不很密切，仍然独立经营业务，但自从国家银行建立后，各根据地银行的金融工作方针基本上统一起来了。

国家银行根据业务发展的需要，制定了记账须知和存款、放款及汇兑等业务暂行规则8种，是根据地银行最早较为完善的一套规章制度。国家银行还举办培训班，培训银行和金库干部，积累了根据地银行组织建设和制度建设的经验。

1934年10月，红军开始了举世闻名的二万五千里长征，中华苏维埃国家银行组成第十五大队，编入军委直属纵队，由政委毛泽民率领，随红一方面军长征。其他南方根据地银行，均在红军撤出后相继结束。长征途中，国家银行的队伍经过多次轻装，人员也有调动，也有人牺牲在长征途中。1935年10月到达陕北根据地，11月奉命改为国家银行西北分行，原陕甘晋苏维埃银行撤销，人员并入西北分行。1937年10月，西北分行奉命改组为陕甘宁边区银行。

7 九一八事变后的东北金融

日本帝国主义于1931年发动九一八事变侵占中国东北之后，又于1932年3月炮制了伪满洲国，作为欺骗和压榨东北人民的工具。东北变成了日本帝国主义的殖民地。

东三省官银号、吉林永衡官银行、黑龙江省官银号、边业银行合称为"四行号",原是东北的金融中坚,它们在1931年九一八事变前业务也都有所发展。日本帝国主义侵占中国东北后,用武力强行侵夺了中国在东北的官银号、边业银行等财产。日本关东军指令日本在中国的经济侵略组织"满铁"和横滨正金、朝鲜两银行召开伪满中央银行建行准备会议,拟定《满洲中央银行工作纲要》和《满洲通货金融改革方案》,继而于1932年6月,以原中国东北金融中坚"四行号"的财产为基础,建立了"满洲中央银行",作为伪满金融总枢纽。其额定资本为3000万元(伪币),实缴1500万元。其理事会成员中日各占半数,但实权由日本人掌握。总行设在长春。东北各地官银号旧址等,全部改为其分支机构,总数达128处。

"满洲中央银行"主要业务活动为:

发行"中银券"(又称"满币"),收回旧币,垄断东北货币发行,推行所谓"日满货币一元化"。按照伪满1932年公布的《货币法》规定,伪满的"货币之制造及发行权属于政府,使满洲中央银行代行之"。"满洲中央银行"发行的"中银券"起初为银本位,后来在"日满货币一元化"的原则下,于1935年11月改为以1:1的固定比价,依附于日元。"中银券"在1935年底时发行额为19890万元,到1936年底增至28000万元。日伪用满币收兑东北旧币的过程到1937年6月完成。在收兑旧币时,日伪设法压低旧币币值,以此掠夺东北人民财富,例如日伪规定吉林永衡官银钱号发行的"吉林官帖"每360吊兑换满币1元，不久又改为每500吊才兑换满币1元，仅此一项，东北人民就被盘剥了800多万元满币。

积聚存款、推销公债、垄断放款。"满洲中央银行"的各级机构中都设有"贮金部"，具体经办日常储蓄业务；日伪政权还规定东北私营银行和钱庄等必须将存款余额的30%转存"满洲中央银行"，这大大增强了"满洲中央银行"的资金力量。该行还包销伪满政权的满币公债。它将积聚来的大量资金集中投放给重要产业部门，为日本帝国主义在中国东北扩充军需产业提供资金服务。

垄断东北的金银和外汇。伪满从1935年11月起开始推行外汇管理和集中金银。"满洲中央银行"负责管理对关内、日本的外汇，兼管进出口事务，利用所控制的外汇和金银购进军用物资，为日本侵略战争效力。

代理伪满国库业务，承办战时特殊财政金融业务，支付日本关东军军费。

从上述业务活动可以看出，"满洲中央银行"是殖民地银行，是日本帝国主义在中国东北推行侵略政策的重要财经支柱。

日伪从1933年起在东北各地相继设立了农村金融合作社，它们在农民青黄不接急需用钱时放高利贷给农民，到收获季节再强迫农民以农产品低价偿还，从中攫取厚利。

1933年7月日伪还在原东三省官银号、吉林永衡官银行、黑龙江省官银号、边业银行这"四行号"的多种附属事业基础上，成立了以典当为主要业务的大兴公司，它隶属于"满洲中央银行"，总公司设在长春，在东北各地设有分支机构（1936年时已有275处），通过"质押"等手段剥削东北人民。

日本帝国主义为了把中国东北建成其扩充军备，扩大侵略的重工业基地，又于1936年12月在合并原在东北的朝鲜、正隆、满洲这三家日资银行机构的基础上成立了"满洲兴业银行"。其资本为3000万元（伪币）。它除了经营一般商业银行业务外，着重于发行以"开发"东北产业为目的的债券，为日本在东北的产业"开发"提供资金服务。

这样，日伪在短短几年内形成了一个以"满洲中央银行"为核心，包括"满洲兴业银行"、金融合作社、大兴公司等在内的垄断东北金融的殖民地金融体系。

为了实现对东北金融事业的全面统制，伪满政权秉承日本关东军的旨意，于1933年11月公布《银行法》，对东北原有的银行、钱庄等强行登记。到1934年6月底以前有169家申请登记，但到这一年12月底领到营业执照者只有88家，这些行庄必须将存款余额的30%转存"满洲中央银行"，它们发放贷款也要受到"满洲中央银行"的统一部署制约，被迫直接或间接为日本帝国主义的侵略战争需要提供资金服务。

五 抗日战争时期
(1937～1945)

日本帝国主义于 1937 年发动了全面侵华战争，中国东部沿海富庶地区被日本侵略军占据。他们利用抢夺来的一部分资金，分别在各块占领区先后建立了"蒙疆银行"、"中国联合准备银行"、"中央储备银行"等敌伪金融体系，依靠日军的刺刀发行敌伪货币；日本侵略者还对中方进行了货币金融战，企图以此扼杀中方战时经济活力；日军在太平洋战争爆发后接收了英美在华金融机构。

国民党政府退居西部地区后，在那里加强了战时金融统制。由于国民党政府内部腐败利用职权谋私，造成重庆黄金风潮。日占区和国统区都发生了严重的通货膨胀。

共产党领导的各抗日根据地政府为了发展生产、稳定物价，开展对敌货币斗争，支援抗战，也先后设立了各自的银行，发行了边币、抗币等根据地货币。

1 日占区的殖民地金融

东北日占区的金融 1937 年七七事变后，日本帝国主义为了扩大侵略战争，把中国东北建成其扩充军备的重要基地，更进一步加强了在中国东北的经济统制和金融统制。

作为日伪重要财经支柱的"满洲中央银行"，其垄断地位进一步增强。该行利用其东北金融总枢纽地位，积极配合日伪政权推行"国民储蓄运动"，强迫企业和居民参加储蓄，它的年储蓄目标额，1935 年为 5 亿元，1945 年已增至 60 亿元，十年间增加了 11 倍，1945 年储蓄额为国民收入预算额的 46.2%。它还利用其垄断东北货币发行的地位不断滥发纸币，它在 1935 年底的发行额为 1.99 亿元，到 1941 年底已达 13.17 亿元，增长了 5 倍多；及至 1945 年日本战败投降前夕，其发行额竟达 136 亿元，为 1935 年的 68 倍。太平洋战争爆发后，"满洲中央银行"接管了英美等国在东北的银行资产。

从 1932 年至 1945 年日伪政权发行满币公债 56 种，共 30.25 亿元，都由"满洲中央银行"用种种手段强行推销。它在为日伪推行金融统制及资金服务活动中获利丰厚，自成立起至 1944 年共获纯利 20096 万元。它的资金投放主要为日伪的"产业开发"，为日本帝国主义扩大侵略战争服务，其放款额在 1937 年时为 2.1 亿元，太平洋战争前的 1940 年增至 6.6 亿元，太平洋战争后迅速增加，至 1945 年 6 月已达到 101 亿元，比 1937 年增加了 47 倍。它的放款占东北社会总放款额的比重，也由 1937 年的 36.6% 升至 1945 年 6 月的 62.8%。

满洲兴业银行的资本也增为1亿元，扩大了它的活动范围。日伪还在东北各地相继设立了兴农合作社和兴农金库等金融机构，以"满洲中央银行"为核心的殖民地金融体系进一步扩大。

在另一方面，东北的民营银行受到进一步打击。到1945年8月日本投降时，全东北民营银行仅剩下16家，其中多数有伪满中央银行和日本的资本渗入，纯民族资本的银行仅有4家，日伪对这4家银行也派人打入内部进行控制，使之成为日伪的附庸。

关内日占区的金融 1937年7月以后，日军在华北、华东及华南地区攻城略地，破坏和侵占了中国东部富庶地区的工矿交通设施，占领了大片土地。在这同时，沦陷区的中国银行、中央银行、交通银行等50多家公私银行机构被日寇夺占，损失高达数亿元。

日军还用刺刀强行在华中、华南大量发行军用券，以掠夺中国战略物资，把战争负担转嫁给中国人民。

日本帝国主义对其所侵占的关内和内蒙地区分而治之，分别建立了伪华北政务委员会、汪伪"国民政府"、伪蒙疆联合自治政府等汉奸政权。日寇将抢夺中国金融业的金银外汇等大部分掠往日本，少数留作成立名义上属汉奸政权管辖的伪银行。日本侵略者先后成立了"蒙疆银行"、"中国联合准备银行"、"中央储备银行"，分别作为伪蒙疆联合自治政府、伪华北政务委员会、汪伪"国民政府"的"中央银行"，实行金融统制。1939年日伪还曾在上海成立"华兴商业银行"。

"蒙疆银行"成立于1937年11月,额定资本1200万元,总行设在张家口,并在大同、归绥、包头、多伦、北平、天津等地设立分行。它发行"蒙疆券",与日元等价联系,流通于内蒙、河北北部和山西北部日占区。它除发行货币外,还负责内蒙等地的金融指导和统制,及经营一般银行业务,是日寇统治内蒙金融,掠取内蒙资源的重要工具。

"中国联合准备银行"成立于1938年2月,资本总额5000万元,总行设在北平,并在河北、河南、山东、山西等省和天津、青岛等市设有分支行。总行与各分支行都设有日籍顾问。它大量发行"联银券"(亦称"联准券"),流通于北平、天津、青岛、济南及河南等地日占区。并以此收兑法币,收进的法币大部分被用来运往上海套购外汇。

"中央储备银行"成立于1941年1月,额定资本1亿元,总行设在南京,并在杭州、苏州、广州、汉口、蚌埠、宁波等地设立分行。它发行"中储券",流通于南京、上海、江苏、浙江、安徽、江西、湖北、广东等地日占区。"中储券"与法币等价联系,可以互相兑换,其目的在于破坏法币信用,套取外汇,掠购中方物资,并解决汪伪政权的财政困难。日方规定"中储券"不得流通于东北、华北和"蒙疆"地区,不得采取对日本军用券不利的措施,而且必须对日方军用券政策加以协助。

华兴商业银行于1939年5月在上海成立,其资本5000万元,由当时南京的伪政权"维新政府"筹资一半，另一半由日资兴业、朝鲜、台湾、三井、三菱等银行出资。它名义上是商业银行，实际上享有发行货币和代理伪维新政府"国库"与"公债"事务等特权。它发行"华兴券"，初与法币等价，以打击法币，后改为与美元联系，流通于华东和华中日占区。"中央储备银行"成立后，华兴银行的纸币发行及代理国库特权被取消，成为一纯商业性的银行。华兴券被用中储券收回。

日伪在关内日占区除了设立上述四家较重要的伪银行外，还在华北设有"察南实业银行"、"蒙古联盟实业银行"、"晋北实业银行"、"河北省农民银行"、"冀东银行"等；在华中设有"江苏地方银行"、"河南实业银行"、"苏兴银行"、"中江银行"等；在华南设有华南信托公司等敌伪金融机构。

到抗战后期，各伪政权竭力扩大伪币发行额，用通货膨胀政策加紧搜刮日占区人民的财富。以1945年8月日本投降前夕的伪币发行额与1938年底发行额相比，"联银券"发行额增加了1200倍，"蒙疆券"增加了100倍。而"中储券"从1941年1月到1945年8月，4年零8个月间发行额增加了34万倍。在日占区恶性通货膨胀的同时，日本帝国主义又大量掠夺粮食及其他物资充作军用或运往日本，钞票的泛滥加上粮食等必需物品的缺乏，造成日占区物价飞涨，与1936年批发物价指数相比，到1941年华北物价上涨了3倍半，上海物价上涨了约10倍；到1945年8月华北物价上涨了3050倍，上海物价上涨了97401倍。物价如此猛涨,给日占区人民带来了巨大灾难。

"孤岛"时期及太平洋战争爆发后的上海金融 上海战前是全中国金融中心。1937年11月国民党军队撤出上海后,周围地区都已经被日本军队所占领,但由于当时日本尚未与英美等国开战,英、美、法等国仍然统治着上海的"公共租界"和"法租界",因而人们称这一时期的上海租界为"孤岛",外资银行、国民党官僚资本银行及其他民族资本金融组织仍然在上海"孤岛"里继续营业。

随着战火的蔓延,携带资金来到上海租界逃避战乱的人日益增多,日本的银行和企业也尽量利用上海租界这块特殊地区套取外汇和套购物资,上海"孤岛"的工商业和金融业都迅速发展,一时成为畸形繁荣之地。当时在上海套购进出口货物及外汇和黄金投机等极为活跃,有人甚至称上海"孤岛"是当时"世界上除纽约以外第二个自由的市场"。

与战前相比,1940年春上海租界内的大小银行数目已增至208家,增长了近两倍;同期钱庄数增长了一倍多;银行存款额也急剧增加,1939年上半年上海全市银行存款额达30亿元(法币)左右。集中了当时全国银行存款总额的约60%。有价证券、票据交易额也不断上升,至1940年4月时平均每日交易额已达4990多万元,比1937年底每日交易额增长了15倍半还多。

但是即使在上海租界有欧美等国势力的庇护,日伪也常派特务枪杀和绑架国民党官僚资本银行职员,在银行营业间安放定时炸弹等，破坏中国政府方面在上海的金融活动。

1941年12月太平洋战争爆发后，日军进驻上海租界，接管了英美在华企业和金融机构。国民党在上海的中央银行、中国农民银行、中央信托局等机构被日军接管，后来清理解散；中国银行、交通银行等机构被接管后加以改组。汪伪政权的财政部和中央储备银行进入上海租界，直接管理上海私营金融业。

为争夺英美金融业和国民党官僚资本银行留下的空白，汉奸新贵和与日伪有关系的投机商竞相在上海设立私营金融机构，到抗日战争结束时，上海的银行、钱庄、信托公司总数比抗战前增加了2.5倍。为了巧立名目，几乎什么行业都有银行，如棉花业银行、棉布业银行、染织业银行、丝业银行、绸业银行、毛业银行、酒业银行、渔业银行、瓷业银行等等。当时有人讽刺说，除了没有"棺材业银行"外，恐怕所有行业的名字都用上了。这也是战时日伪统治下上海金融业的一大怪现象。

由于当时物价不断上涨，银钱业的老板们普遍认为，放款收高利抵不上货币贬值的损失，不如用这些资金自己去经商，因此这一时期上海的大中型银行多附设贸易公司和信托部，从事囤购商品和买卖有价证券；小银行和钱庄都兼营商业，宛如一家家商号。

太平洋战争后，外汇冻结，黄金买卖也受限制，物资则越来越缺乏，金融投机活动的热点转到了房地产和有价证券上来，因房地产投机也有一定限度，投机商们的兴趣较多地集中到证券投机,特别是企业股票的买卖上,股票公司大批设立,1942年新设者就有120多家。汪伪政权担心股票投机过热,于1942年8月由"实业部"发布了"取缔买卖华商股票暂行规则",亦曾查封一批股票公司。但是一日本高级经济顾问来上海考察后,竭力主张纵容股票投机活动,认为这样可将上海游资驱向股票,会减少居民对物资的囤积,有利于日军对物资的搜刮,因此在1943年9月汪伪政权又组织伪上海华商证券交易所"复业",以使上海证券交易有一个统一市场。该所专做本国公司股票交易,厘定了营业细则75条,规定经纪人名额为200人,第一批审查核准上市的股票达108种。1945年初,上海证券交易所决定开拍一种"便交"交易(每周交割一次的延期交割买卖),这样更便于买空卖空,使股票投机更为狂热。这种投票投机热一直持续到1945年8月日本投降时。

四联总处及国民党政府对大后方的金融统制

九一八事变后,国民党政府对日本帝国主义的侵略战争已经有所警觉,曾提出要从反侵略战争的需要出发,"调整原有生产组织,统制社会经济行动"等主张,但是他们又抱有某种幻想,备战行动不力,直到日本全面侵华战争爆发,国民党政府仍未对战时经济调整做好应有的准备,因此战火一起,国民党统治区域立即陷于混乱之中。当时市场震动,存户纷纷向银行挤兑提存,造成金融恐慌,资金大量外逃。八一三淞沪会战开始后,这一危机进一步加深。

国民党政府仓促应变,先是授权中央、中国、交通、农民四大银行组建联合贴放委员会,办理战时贴现和发款事宜;后又颁布"非常时期安定金融办法",明令限制提取存款,以堵塞资金外逃缺口,自此中国金融开始步入战时阶段。

国民党政府为了进一步建立和强化其战时金融垄断体制,于1937年8月先由中、中、交、农四大银行在上海组成"四行联合办事处",同年11月迁往武汉改名为"四行联合办事总处",简称"四联总处",并先后在国内各重要城市设立50多个分处。"四联总处"随着战局变化再迁至重庆,并于1939年9月按照国民党政府颁布的《战时健全中央金融机构办法纲要》进行了改组,由一个联合机构改组为统一的中央集权机构,并扩大组织,提高职权,使其担负起筹划与推行国民党政府战时金融经济政策的任务。

"四联总处"理事会为其最高决策机构,蒋介石兼任理事会主席,中央银行总裁孔祥熙、中国银行董事长宋子文、交通银行董事长钱永铭为常务理事,凡国家金融经济大计及四联总处业务方针的确定,四行业务及其机构的调整,各种章程制度的核定,发行、贴放、内汇和外汇等重要款项的核拨,均由理事会决定。理事会下设战时金融委员会、战事经济委员会和农业金融设计委员会,负责审议战时金融经济政策及各有关重要问题。四联总处在各省会和工商业集中的城市设立分处,分处主要任务是负责审核各地行局的放款、汇款及其他联合业务。

改组后的四联总处内部组织得到了充实,性质上也有了很大变化,不仅中、中、交、农四大银行的业务均由其统一管理,而且全国举凡战时与金融有关的重大经济政策也都纳入它的工作范围之内,它已成为国民党政府战时金融方面的指挥和监督机构。

蒋介石在国民党的党、政、军等方面兼职很多,但是一直由他亲自挂帅的机构只有两个:一是军事委员会,其委员长一直由他自己担任;一是四联总处,其理事会主席的职位也一直由他自己担当。蒋对四联总处重要事情都要亲自过问,连任命稽核科的一名科长也要他亲自批准。这说明在蒋的心目中,银行与军队一样都是最重要的,而四联总处与军事委员会是他控制银行和军队,以实行其独裁统治必不可少的两大支柱。

1939年6月,国民党政府公布了《公库法》,规定"为政府经管现金票据证券及其他财物之机关称公库",各级财政部门为公库主管机关,中央银行代理公库现金票据证券之出纳保管转移及财产之契据等保管事务。原先国家一切税款收入等,由各征收机关向纳税人收取,自行保管,然后解缴国库。

公库法施行后,一切税收改由纳税人或缴款人直接向当地代理国库银行缴纳;一切财政支出须由中央银行凭财政部签发的支付书拨付领用单位。中央银行在各地分支行代理分支库，未设中央银行分支机构之地由国库局委托中国、交通、农民三行及邮局代理支库。实施公库法以后，强化了中央银行代理国库的职能，这对于整理国库收支，增强中央银行调动资金的实力以实行金融垄断，起了很大的作用。

1942年5月，四联总处理事会根据蒋介石"关于加强统制四行"的手令，制定了"四行业务划分及考核办法"，重新划分了中、中、交、农四行各自的业务。该办法规定：

自1942年7月1日起，所有法币之发行统由中央银行集中办理，中国、交通、中国农民三银行以往所发行的法币及准备金全数移交中央银行；

中央银行还负责收存所有公私银行的存款准备金，统筹外汇收付，独家经理国库，集中办理票据交换和重贴现等；

中国银行主要负责经理政府国外款项之收付，发展与扶助国际贸易并办理有关事业之贷款与投资，经办进出口外汇及侨汇业务，办理国内工商业汇款，办理储蓄信托业务等；

交通银行主要负责办理工矿交通及生产事业之贷款与投资，办理仓库及运输业务，经募或承受公司债务及公司股票，办理储蓄信托业务等；

中国农民银行主要负责办理农业生产贷款与投资，办理土地金融业务，办理合作事业贷款，办理农业仓库、信托及农业保险，办理储蓄存款等。

这一办法的实施，使当时金融方面最为重要的货币发行权和外汇管理权都集中于中央银行,加强了中央银行对国统区金融的垄断权力。中央银行总裁孔祥熙也由四联总处理事会常务理事之一提升为理事会副主席。战前中央银行的势力虽然在不断增长,但尚未能凌驾于中国、交通等银行之上。在抗战期间,通过四联总处的设立,一方面中央银行可以进一步联合其他三行的力量加强对全国金融的统制,另一方面又通过《公库法》、《四行业务划分及考核办法》及《统一发行办法》的实施,中央银行的势力已越来越超过中国、交通等银行。中国、交通、农民三行的资金来源减少,三行头寸的调拨受制于中央银行,经营业务等亦受中央银行控制。这说明国民党政府官僚资本的垄断性进一步增强了。

货币发行权集中于中央银行一家手里,为国民党政府推行无限制的通货膨胀政策,搜刮人民财富,扩张官僚资本,提供了更加便利的条件。

重庆原先只有几家资力较小的川帮银行。日本帝国主义发动全面侵华战争后,国民党政府退居西部地区,在重庆设立了四联总处,四行两局官僚资本金融体系的重心也转移到重庆来了。"北四行"的金城、大陆、中南,"南三行"的浙江兴业、上海,"小四行"的中国通商、中国实业、四明、中国国货,以及新华、中国农工等银行纷纷来到重庆,英资汇丰银行、麦加利银行,美国的花旗银行及法国的东方汇理银行等也来此设立分支机构,重庆很快成为战时大后方的金融中心。国民党政府从而以重庆为中枢,加强了对整个大后方的战时金融统制。

国民党政府于1938年4月颁布了《改善地方金融机构办法纲要》，设法增强后方各地方金融机构资力，以调剂后方农工各业发展所需的资金。1940年1月公布《县银行法》，规定县银行资本总额要在5万元以上，其中商股不得少于半数；县银行不得买卖不动产，不得买卖有价证券等等。该法规虽然对县级银行作了许多严格规定，但也对推动县级银行发展，扩大地方金融网起了一定作用。

1940年8月国民党政府公布了《非常时期管理银行暂行办法》，规定私人银行不得兼营商业，不得囤积货物及代客买卖等，试图杜绝商业银行的违法投机活动；该办法还规定一般银行须将其存款总额的20%作为准备金，转存中、中、交、农四行（后改为独存于中央银行），使中央银行的财力更加充实。

由于上一办法执行不力，许多商业银行仍然公开设立商行，从事囤积投机，国民党政府又于1941年12月颁行《修正非常时期管理银行暂行办法》，主要是限制商业银行的新设（县银行和华侨投资者除外），禁止银行职员利用行款经商，实行普遍检查银行和钱庄的业务等。

这一办法的实施，特别是对银行实行普遍检查，对限制银行的投机活动，加强国民党政府战时金融统制，起到了一定作用。

从1942年12月起，国民党政府又在成都、西安、兰州、桂林、昆明、贵阳等17个城市设立"银行监理官",负责审核管辖区银行和钱庄的放款用途,检查管辖区银行和钱庄的有关账目等。以后又陆续颁行划一银行会计科目、不准各商业银行在限定的25个城市添设分支机构、禁止各银行和钱庄接受金类押款等法令。

总的来说,在抗战期间,国民党政府对地方银行和商业银行的管制越来越严格。但是中、中、交、农四大银行可以对有关规定置之度外,因而人们说这是"只许州官放火,不许百姓点灯"。

3 法币超额发行

日本帝国主义发动全面侵华战争后,一大片一大片的东部富庶地区很快沦陷,使国民党政府财政收入迅速减少,1937年8~12月每月财政收入平均只有1600万元,比七七事变前减少了一大半;而战时军费开支大大增加,抗战前两年国民党政府每年财政支出已增至10亿多元,而1937年下半年和1938年这一年半间财政支出迅速增至32.9亿元,与这一时期7.6亿元的财政收入相抵,亏短25.2亿元。但是在战争初期,国民党政府"当局大都倾向于保守地继续实行其举借内、外债的传统办法","对于财政问题掉以轻心"。1937年9月为筹集战费曾发行救国公债5亿元,当时国内外人士及海外侨胞,出于抗日爱国热情而踊跃购买,认购约半数。而1938~1940年发行的几笔公债,成绩却不佳。1940年发行公债收到800万元,但该年财政赤字高达 39.63 亿元，靠内债远远不能弥补赤字。外债的作用也有限。在整个抗战期间国民党政府的财政赤字基本上靠银行垫款弥补。

银行垫款不断增加，于是就不断增加法币的发行。战前法币初发行时，曾规定必须有六成现金准备和四成有价证券保证准备的发行准备制度。到 1939 年 9 月《巩固金融办法纲要》公布以后，现金准备可用商业票据、栈单、股票等抵充，这实际上使纸币的发行不受什么限制，可以任意滥发了。1942 年 7 月后所有法币发行统由中央银行办理，就更无所谓缴存准备了。

随着法币发行量迅速增大，钞票的印制和运送成为中央银行等的一大负担，大额钞券相继出笼。1940 年发行 50 元券，1942 年发行 100 元券，1945 年上半年发行 1000 元券。法币发行量在 1937 年时为 16.4 亿元，到 1942 年时已达 343.6 亿元，1945 年更达 10319.3 亿元，比 1937 年增长了 628 倍多。

国民党政府的这种通货膨胀政策必然带动物价上涨。1940 年农业歉收更使物价上涨速度超过法币发行量增长速度。以后尽管重庆国民党政府采取种种措施，例如对日用必需品实行限价，对盐、糖、火柴、棉布等生活必需品实行专卖，实行田赋征实等等，但都只能暂时地或局部地缓解矛盾，还带来许多副作用，不能从根本上解决问题。至 1945 年 8 月，重庆批发物价指数比 1937 年增长了 1792 倍，比 1941 年增长了 90 多倍。

发钞与物价赛跑的局面一直困扰着抗战期间大后

方社会经济生活，使社会经济混乱，国民经济几乎崩溃。

4. 国统区的黄金和外汇市场等

抗日战争期间国统区的黄金和外汇市场上波澜迭起，与黄金和外汇相联系的储蓄、公债等方面也常出现营私舞弊现象，在抗战时期国统区金融史上非常引人注目。

抗日战争前，国民党政府曾禁止黄金出口，但在国内容许自由买卖。抗日战争中，国民党政府财政部于1939年8月公布《取缔收售金类办法》，禁止黄金自由买卖。

日军偷袭珍珠港后，美国朝野对中国抗日战争开始有了新的认识。1942年2月美国总统罗斯福致电蒋介石表示美国愿意提供巨额借款以帮助中国的抗日战争，不久中美双方代表在华盛顿签订了"中美财政援助借款"协定，该借款数额高达5亿美元。国民党政府用其中2.2亿美元在美国购买了628万盎司黄金陆续运回中国，试图以此维持法币，遏制后方物价不断上涨之风。

购进大量美国黄金后，国民党政府从1943年6月起宣布准许黄金自由买卖，并由中央银行随行市出售黄金，于是在后方形成了一些黄金投机市场。

中央银行所定的黄金官价不断上升，市价也跟着涨得更高，如1943年11月8日每两黄金官价1.2万元，12月3日上升为1.3万元，1944年2月1日升为1.5万元，8天后很快升为2.15万元；1944年11月16日黄金官价加搭"乡镇储蓄"二成，每两为2.4万元，当月黄金市价为3.6万元；1945年3月29日官价陡升至3.5万元，到这年6月8日时每两黄金官价又升为5万元，这个月黄金市价涨至每两18.2万元。每次黄金官价要变动时，一些有条件探悉内情的达官贵人和奸商们在投机市场上总是设法"搅浑水"，闹得谣言纷纷，他们再浑水摸鱼，大发其财。

1943年8月四联总处理事会决定利用从美国购进的黄金，开办两种黄金存款：一种是以黄金存入银行，分1年期、2年期、3年期三种，到期后本息均以黄金归还；另一种是按照当时黄金牌价以法币折合黄金存入，到期时银行用黄金付还原本，用法币支付利息。国民党政府试图采取这种措施吸收民间资金，回笼货币，稳定币值。但是自从开办黄金存款后，每当黄金涨价一次，金融市场就要遭受牵制，存户纷纷挤提，黑市利率上涨，银根趋紧。

1944年11月3日以后因黄金未能运到，中央银行将出售黄金现货改为出售不定期期货，结果使很多购金者观望不前，办理黄金存款者也在减少。为此，1945年3月28日国民党政府内定从次日起提高金价，每两黄金从2万元一下子提高到3.5万元。这个绝密的事却很快泄露，重庆几十家公私银行、大公司及官僚富商连夜哄抢黄金，一夜之间即获暴利。丑闻传出，酿成"重庆黄金风潮"，这是由于国民党政府内部腐败，官员利用职权谋私造成的金融风潮。国内大小报纸争相报道，要求彻查严办；国外舆论也纷纷指责。国民党政府不得不将中央银行业务局局长、财政部总务司司长等几人分别判处3年、2年轻刑以作搪塞，对其余达官贵人则未加追查。

据统计，自开办黄金存款到1945年6月停办时，用这种办法共回笼法币800多亿元，折算黄金约200余万两。一些中小商人、中小财主等为了保值，在买不到黄金现货时，常常购买黄金存款。不料到1945年7月国民党政府突然宣布存户都要捐献所存黄金的40%，这样不择手段地搜刮民财，激起民愤。国民党政府还借口来不及分铸，规定存户必须凑足整块金砖的数额（400两）才能兑取黄金，以此来限制存户提取黄金，受到损害的多为中小资产者。

抗日战争刚开始时，国民党政府在外汇市场上曾竭力维持法币汇率，无限制地买卖外汇。但是这样一来仅在七七事变后一个多月内，就售出750万英镑外汇，令蒋介石等非常惊慌。他们一方面颁布《非常时期安定金融办法》，防止资金外逃；一方面又与外资银行商议，要求各外资银行对凡是投机和逃资购买外汇者不予供给。但是外汇投机活动依然如故。

1938年3月，国民党政府公布了《购买外汇请核办法》，并停止中国、交通、中国农民三银行出售外汇。英美等国在上海的银行宣称不受国民党政府的外汇限制，自行挂牌买卖外汇，官价外汇和自由市场外汇的价差越来越大，外汇的黑市交易开始猖獗起来。

在抗战后期国民党政府继续维持法币20元比1美元的外汇官价,但能买到官价外汇的主要是少数有权势的达官贵人,人们多在黑市上炒买炒卖外汇,这样更助长了外汇黑市的活跃,到1945年7月重庆黑市美钞1元要卖法币2889元,是官价的140多倍!四大家族及其他国民党官僚利用外汇投机大发国难财,四大家族在美国的美元存款,大部分是用这种办法掠夺来的。

国民党政府还用一部分美国财政援助借款作基金,从1942年4月发行"美金节约建国储蓄券",分1年期、2年期、3年期三种,储户可按法币20元合美金1元的比价用法币购买,到期可按票面支付美金本息,也可按中央银行牌价折合法币支付。国民党政府又从1942年5月起发行"同盟胜利美金公债",用法币认购,其价格为:1942年5月~1943年2月每百元购买公债6美元,1943年3~10月每百元购买公债5美元,从1944年起每半年抽签还本一次,10年还清。

由于国民党政府债信很差,起初购买美金储蓄券和公债者不多。但不久,法币日益贬值,美金黑市价格逐渐上升为官价的数倍,买美金公债等成为有厚利可图的事情。1943年10月,明明还有3000多万元美金公债尚未售出,孔祥熙等政府要员即宣布债券售完,停止发行,私分了剩余公债。这样一来,引起舆论大哗,国民参政会也有人对这个私分剩余美金公债案频频提出质询。到1945年,身兼行政院副院长、财政部长、四联总处理事会副主席、中央银行总裁等要职的孔祥熙,在一片指责声中不得不辞职下台。

抗日根据地的金融

全面抗战爆发后,按照国共合作、团结抗日的原则,红军编为国民革命军第八路军,南方红军游击队整编为国民革命军新编第四军。八路军、新四军随即开赴敌后,创建抗日根据地,以开展敌后抗日游击战争。到1940年底,中国共产党领导的抗日武装先后在西北及华北建立了陕甘宁边区、晋察冀边区、晋冀豫区、冀鲁豫区(与晋冀豫区在行政上合称"晋冀鲁豫边区")、晋绥、山东等抗日根据地;在华中建立了苏北区、苏中区、苏南区、浙东区、淮北区、皖中区、豫西区、鄂豫皖区、湘鄂赣区等抗日根据地;在华南建立了东江区、琼崖区等抗日根据地。其中,陕甘宁边区是中共中央、中央军委所在地,是敌后抗日根据地的总后方。

各抗日根据地均自成一个战略单位,建立了抗日民主政府,相对独立地统筹本地区的军事、政治、经济和财政,以坚持抗日斗争。为支持长期抗战的军费,发展根据地经济,开展对敌经济战线的斗争,从1937年10月成立陕甘宁边区银行开始,各抗日根据地政府先后建立了自己的金融机构,创建了晋察冀边区银行、北海银行、冀南银行、晋西北农民银行、江淮银行、盐阜银行等近40家银行,发行了边币、抗币等根据地货币,在战时艰苦复杂的条件下坚持金融阵地的斗争。

1937年陕甘宁边区政府成立后,原国家银行西北分行于10月1日奉命改组为陕甘宁边区银行。其资本初为10万元，1941年边区政府财政厅又拨款120万元作为银行资本。其总行设在延安，并设有绥德、三边、陇东、关中四个分行，分行以下设有支行和办事处。边区银行为了积累资金，还开办了光华商店，下设若干分店，负责采购与经营物资，保证党政机关和部队的供给。抗战初期边区银行没有发行货币，只是以光华商店的名义发行"元"以下的代价券。

1941年初蒋介石发动"皖南事变"，并停发八路军、新四军军费后，陕甘宁边区政府为了解决战时财政问题，发展边区经济以坚持抗战，遂于1941年1月颁布法令，禁止法币流通，授权边区银行发行"边币"，规定边区境内只准使用边币，逐步收回光华代价券。在这以后，陕甘宁边区银行的工作进入新的阶段。边区银行根据财政和战备的需要及季节的变化，主动发行边币，截至1944年6月底共发行38亿元，及时拨付机关部队的经费，保证党政军的供给。同时银行也配合政府压缩经费，动员人民节约储蓄，打击法币黑市，适当紧缩发行。1943年7~9月时局紧张，为保证冬季供给，不得不加大发行，发生了金融物价大波动。同年12月西北局决定停止边币发行，3个月不发经费，所有法币必须兑给银行，公营商店统一管理。由于措施得力，边区物价趋于稳定。陕甘宁边区银行还以大量资金支持机关部队开展大生产运动，发放农业贷款和青苗贷款，同时对公营工业进行投资和贷款。

1944年边区粮食、棉花和日用品的产量有了较大的发展，财政收支平衡，金融物价基本稳定。在边区财经状况好转的情况下，1944年5月以后，西北财经办事处决定以"陕甘宁边区贸易公司"名义发行"贸易公司商业流通券"代替边币流通，二者比价为1:20，其目的是为了更好地打击法币，整理金融，活动市面。

陕甘宁边区银行到1948年1月与晋西北农民银行合并为西北农民银行。

晋察冀边区是抗战期间建立较早的根据地。1938年1月，晋察冀边区召开军政民代表大会，选举产生了边区临时行政委员会。当时冀、晋、察三省货币金融上的割据混乱局面严重影响了边区的内外贸易和物资交流，日本帝国主义又在北平成立伪联合准备银行，大量发行伪币，企图以此掠购边区物资。为了粉碎敌人阴谋，统一边区货币，保护和发展边区经济，支援抗日战争，军政民代表大会通过了筹建边区银行和发行货币的决议。同年3月晋察冀边区银行在五台山区成立，下设冀中、冀晋、冀察三个分行及各区办事处，发行晋察冀边币。为了保证市值稳定，边区政府强调边币发行要有十足准备，规定现金准备占40%，实物准备与保证准备占60%。

边币一经发行，就与杂钞、伪币、法币等展开货币斗争。首先是严禁伪币和金银流通，同时对土杂钞采取分期分批、各个击破的办法进行斗争。在对土杂钞的斗争中，边区银行既考虑到本身力量，又顾及群众利益，从贬值到停用，不到两年，冀、晋、察三省及平、津两市的土杂钞在边区境内全部肃清。对法币初期是采取保护措施，皖南事变后边区银行只抛出法币，不收受法币，边区税收贸易机关都停止接受法币，使边区境内法币大大贬值。晋察冀边区成为最早实现本币独占市场的根据地。

1938年春，胶东中共党组织发动抗日武装，攻占了蓬莱、黄县、掖县三县县城，建立了三县抗日民主政府和北海督察专员公署，并于同年8月在掖县成立了北海银行，下辖蓬莱、黄县等分行，发行北海币，与法币等价平行流通。该银行最初为公私合营性质，总资本为25万元，其中民股占70%，公股占30%。

1939年春，由于国民党军队和日伪军联合进攻三县根据地，北海银行一度被迫取消，但北海币仍在当地群众中流通。这一年8月，北海银行又在莱阳、招远交界的张各庄重新建立。

1940年8月山东省战时工作推行委员会成立后，北海银行总行正式建立，将胶东北海银行改为分行，并先后建立鲁中、鲁南、滨海、渤海等分行及各地支行和办事处。

北海币起初发行量小，不能满足市场流通的需要，各地曾经另外发行地方流通券。后来为了打击法币，独占发行，又因根据地不断扩大，市场需求也在增大，北海币发行量有较大幅度的增加。

整个抗战期间，山东根据地财政收支大体平衡，货币稳定，北海币币值较高。

1938年8月，晋东南的抗日政权设立了上党银号，发行上党票。到1939年10月冀南行政公署创建冀南银行以后，上党银号并入冀南银行。

1941年晋冀鲁豫边区行政委员会成立后，冀南银行成为边区政府领导下的独立系统，总行设在山西黎城，下设冀南、太行、太岳、冀鲁豫等4个区行（1943年和1944年边区连续遭灾，为减轻人民负担，实行了精兵简政，冀南、太岳两区行与当地共商局合并）。冀南银行发行冀南币，并收回上党票。为适应边区被敌人分割封锁的情况，冀南币票面上分别印有太行、太岳、平原等字样，各区分散发行，互不流通。

冀南币发行初期主要用于解决根据地的军政开支，1942年以前发行的65%用于财政透支，1943年以后用于生产大于财政透支，银行支持生产的贷款逐年增加。各区银行还发行了本票，用于收购和掌握粮食与其他物资，达到了平抑物价、稳定本币、调剂市场的目的。

1940年初，晋绥边区成立了行政公署。同年5月行政公署在原兴县地方农民银行的基础上建立了晋西北农民银行，发行西北农民银行币，简称"西农币"。

晋绥边区是经济比较落后的地区，财政收入少，西农币的发行主要用于解决财政困难。1943年边区开展大生产运动，晋西北农民银行发放大量贷款，支持群众开荒生产。

1941年1月皖南事变后，新四军在苏北盐城重建新四军军部，并决定在盐城创建江淮银行，同年6月在苏中拼茶镇成立苏中分行。同年7月日寇向苏北根据地进行大"扫荡"，形势急剧恶化，江淮银行总行与新四军军部财政部一起撤退，后宣告撤销。而江淮银行苏中分行仍然保存，划归苏中行署领导。1942年11月苏中行政公署发布公告，宣布江淮银行发行抗币（又称"江淮币"），每1元抗币合法币5元。

江淮币发行后，加强对敌货币斗争和物资管理工作，币值较高。后来因法币不断贬值，而江淮币不断升值，江淮银行又于1944年9月开始发行新抗币，1元折法币50元。此后，江淮银行的一些支行和办事处还发行了地方流通券，以适应解放区扩大和货币流通市场相应扩大的需要。

华中其他各抗日根据地自皖南事变后，也认真贯彻中共中央华中局第一次扩大会议精神，相继创建了自己的银行。苏北区南北分设淮海地方银行和盐阜银行，苏南区设江南银行，淮南区设淮南银行，淮北区设淮北地方银号，皖中区设大江银行，豫鄂边区设豫鄂边区建设银行，浙东区设浙东银行等，各自发行淮海币、盐阜币、江南币、淮南币等。

当抗日战争进入反攻阶段，华中几个抗日根据地连成了一片时，货币分区发行和流通的方式已经不能适应胜利发展的形势，新四军军部发布命令，于1945年8月成立华中银行，发行华中币，江淮、盐阜、淮北、淮南等银行改组为华中银行的分支机构。

上述各抗日根据地银行多是由各地抗日民主政府主要出资设立，受政府领导和管理的金融机关，是根据地政府机构中不可缺少的组成部分。它们除经营存款、发行农贷、投资工商业、办理汇款等业务外，还接受根据地政府委托，发行本币、代理金库、筹划财务、经理公债、买卖金银、开展对敌货币斗争。

在一些抗日根据地农村还成立了信用合作社。以陕甘宁边区为例，由于消灭了封建土地制度，农村生产发展，人民生活改善，市场日益兴旺，有些农民和手工业者积攒了一些钱，"需要聚零为整，才能办事业"。这为发展农村信用合作社，活跃农村金融提供了物质准备。

延安南区沟门信用合作社于1943年3月成立时，有社员128人，股金11.5万元，存款近2万元，放款8.7万元。在边区银行的帮助下，信用社业务迅速发展，到1944年5月，一年多时间内发展到社员648人，股金435万元，存款772万元，放款1428万元，并带动了边区其他信用合作社的发展。

边区信用社在建设过程中，总结了一套好的建社办法，这就是：为人民服务的思想作风，围绕生产的业务方针，民办公助的群众路线，事业需要的集股原则，德才兼备的干部政策。

到1944年底，全陕甘宁边区已有30多个信用社，存款总额5亿元。陕甘宁边区的信用社由县联社统一领导，与边区银行互相合作。

1945年晋冀鲁豫边区在太岳的屯留、沁源试办了两个信用合作社。

农村信用合作社在调剂农村金融，帮助农民生产，打击高利贷活动等方面发挥了积极作用。

随着根据地大生产运动的深入开展，根据地银行发放了大量农业贷款，例如，晋冀鲁豫边区1942年发放农贷 1657 万元，1943 年发放 9570 万元，一年间增加近 5 倍；1943 年冬为了给来年的大生产做准备，又提前发放 34490 万元贷款，重点扶持农业互助合作社和发展农副业生产，其次用于支持工业和手工业生产。

据不完全统计，1939～1945 年各行放款总额中农贷所占比重：冀南银行为 38.9%，晋察冀边区银行为 34.9%，北海银行为 62.5%。大量发放农贷，帮助解决了群众在青黄不接时的困难，打击了农村高利贷活动，提高了广大农民的生产积极性，促进了生产事业的发展，也促使本币与生产相结合，稳定根据地货币金融，支援了抗日战争。

6 货币战——抗战时期的特殊战线

货币金融战是抗战时期中日之间一种特殊的战争，它没有枪声，不见硝烟，但却充满了短兵相接、你死我活的激烈争斗。

现代战争对国民经济的依赖性极大，可以说，它是参战各方以经济为基础的综合实力之决斗。日本帝国主义发动全面侵华战争以后，在用飞机、大炮、子弹、刺刀进行武装侵夺的同时，还发动了以货币金融为中心的经济攻势，企图以此一箭双雕——既可以扼杀中方战时经济活力，又可掠夺中国经济资源为其全球战略服务。

日寇进行货币金融战争的主要手段为：

夺占沦陷区中方银行资产，建立伪银行；

发行伪银行货币,并假造法币和边币等,打击、排挤法币和边币等;

利用法币及其他手段套购和夺取中国的外汇;

输入日货,抢购中国用外汇进口的战略物资;

掠夺中国的黄金白银。

战前日本由于军事工业的极度发展,耗费了大量外汇储备以进口原材料,以致日本在1937年发动全面侵华战争前已不得不在国际市场上出售黄金。战争爆发后日本侵略者想方设法夺取中国的外汇。日本特务组织——杉机关伪造并发行了40亿元法币,相当于1937年全年国民党政府发行法币的2.7倍;日寇在其占领区先后建立了"蒙疆银行"、"中国联合准备银行"、"华兴商业银行"等伪银行,强制发行这些银行的纸币,以此换取民间法币。日方再用抢占中方银行所掠取的法币、伪造的法币和用伪银行的纸币兑换的法币,在上海等地套取中国的外汇。

而国民党政府在战争开始后仍然决定维持原来每1元法币合30美分或1先令2.5便士的汇率,为此,必须由中央银行按照这一汇率在上海等城市无限制地供应外汇。这样做的结果,造成大量资金外逃。抗战前夕国民党政府手中约有2.5亿美元的外汇储备,战争爆发后才半年时间就已损失了原外汇储备的36%。国民党政府如梦初醒,急忙于1938年3月12日颁布《购买外汇请核办法》及有关规则,停止无限制供应外汇的做法,改为由中央银行总行或其驻香港通讯处办理出售外汇事宜,须用外汇者可向中央银行申请,由中央银行核准后再卖给外汇。英美等外商银行不同意这一办法。国民党政府开始对外汇实行管制，但又对外商的反对有所顾虑，所以执行时并不严格，申请外汇一般都能获准。实行外汇核准后，在上海的外商银行不再遵守与中央银行以前订立的"君子协定"，它们的外汇牌价与法定汇价不再一致，上海外汇黑市因此活跃起来，这使得日伪可以继续通过外汇黑市用法币套购中国外汇。

国民党政府认为，稳定汇价可以维持法币信用，又可维持英美等国在华企业的投资利益，就从1938年7月起，由在上海的中国银行暗中提供外汇，委托上海的汇丰银行出面以黑市价格（即汇丰银行的牌价）出售外汇。这时上海等地已经陷入敌手，国民党政府仍然命令中方银行在上海租界供应外汇，令人费解。有些学者认为这是因国民党当局讨好英美，以求外援的做法。

国民党政府从1938年开始，先后颁布了《商人运货出口及售结外汇办法》、《出口货物应结外汇之种类及其办法》、《出口货物结汇领取汇价差额办法》、《维护生产促进外销办法》等一系列法观，采取了有关措施，在加强出口外汇管理，防止法币、金银及其他结汇物资进入日占区，鼓励创汇物资外销，增加政府外汇收入等方面，取得了一定的成效。

但是由于在上海等地需要供应的外汇数额太大，到1939年初，中国政府的外汇储备已经枯竭，只好向英美乞援。英国政府决定帮助稳定中国的法币，于是由汇丰银行和麦加利银行代表英国政府出资 500 万英镑，以年息 2.75% 的低利率贷放给中国；中国方面也拿出 500 万英镑，合成 1000 万英镑的平准基金，中英双方成立平准基金委员会进行管理。

平准基金成立后，中方继续在上海和香港的黑市上大量供应外汇，以稳住外汇黑市汇率。这又给日本人套购中国外汇基金提供了机会。日寇在其占领区集中了大量法币，运至上海套购外汇。短短 3 个月，1000 万英镑的平准基金几乎消耗殆尽，其中大部分为日伪所得。

这样，在抗战初期的中日货币战中，由于国民党政府将维持法币汇率这一目标看得过重，为此投入了大量外汇基金，而这些宝贵的外汇基金很大部分又被日伪方面套购了去，中方一直处于被动挨打的局面。

1939 年 5、6 月间，日伪又集中了数以亿元计的法币套购外汇，向上海外汇黑市冲击。国民党政府只得放弃维持原定汇率的做法，并采取拒收华北法币及对大券钞票加印地名等措施。这一年 9 月，欧洲战争爆发，英镑跌价，平准基金得以购入若干英镑，勉强维持。到 1941 年初，所剩下的平准基金又难以维持下去。因法币汇率是与英镑、美元挂钩，英、美两国不得不在 1941 年 4 月同时向国民党政府贷放平准基金借款。英国第二次平准基金借款数额仍为 500 万英镑，美国贷放的平准基金借款为 5000 万美元。此后，重新组织有中、英、美三方人员参加的新平准基金委员会，主持运用和管理平准基金，并定出新的每 1 元法币合

5.3125 美分或 2.03125 便士的官方汇率。除此以外，美、英、荷三国还于当年 7 月份宣布冻结日本人和中国人在该国的存款，这也有助于防止中国资金外逃，使官方汇率得以维持在一定水平。

抗战初期，国民党政府耗费大量外汇基金以维持法币汇率，却造成了用大量外汇资助敌人的效果。国民党当局对于在这方面消耗的外汇基金数额讳莫如深，据估计约值数亿美元。

抗战初期，由于国民党政府对黄金管制不严，黄金也成为投机者们的捕捉对象，成为资金外逃资敌的大漏洞。国民党政府因而于 1939 年 8 月颁布《取缔收售金类办法》，取缔民间黄金（包括金器、金饰、金币）交易，由中、中、交、农四行及受其委托单位收购各地民间黄金，并征购银楼业存金，违者处以重罚。实施这一办法，取缔了公开的黄金交易，对民间存金加强了管制，这在对敌货币金融战中有积极意义，但难以杜绝黄金黑市交易。至 1943 年 6 月，国民党政府重新准许黄金自由买卖。

1941 年 12 月太平洋战争爆发后，日伪已无法套取中方外汇，再加由于战争消耗及国际贸易停顿等因素使其物资日益匮乏，于是日伪将经济战的重点转为用手中法币走私抢购中方物资。国民党也在 1941 年底五届九中全会通过的《确定当前战时经济基本方针案》中明文规定，要"加强对敌经济战，严防走私，并加紧抢购抢运沦陷区物资"。物资战成为中日双方经济作战的焦点。

日本帝国主义对中国共产党领导的抗日根据地也发动了货币战。各抗日根据地银行的"边币"等一经发行，立即与敌人开展了激烈的斗争。日本帝国主义在中国大量伪造"边币"，并通过各种渠道投放到根据地，以破坏抗日根据地的经济。根据地政府编制了大量的真假币对照表，揭露假币，提高人民的鉴别能力，利用政权的力量和人民的抗日觉悟严厉禁用假币。通过对假币的斗争，提高了边币等抗日根据地银行货币的信誉。日伪军还在其对抗日根据地进行军事进攻之际，强行行使"联银券"等伪币，利用大量伪币和杂钞向根据地发动"货币攻势"。各根据地银行采用政治力量和经济力量相结合的策略，灵活采用"禁止流通"和"比价斗争"方式，打击、驱逐伪币和各种杂钞，边币等在对敌货币斗争中信用日益巩固。

抗战初期，由于国民党政府发行的法币已经流通全国，八路军、新四军的军饷也由国民党政府以法币拨发，当时法币币值较稳定，根据地银行发行的货币一般以法币作保证基金，与法币以固定比价混合流通。

1941年初皖南事变后，国民党政府停发八路军、新四军军饷，并实行通货膨胀政策，致使法币日益贬值。为了免遭损失，各抗日民主政府明令停止法币在根据地内的流通，各根据地银行开始与法币进行了复杂艰巨的斗争。例如，在山东根据地，因1942年后法币超额发行，币值猛跌，日伪用大量法币向根据地掠夺物资，山东根据地经历了三次"排法"斗争，到1944年才取得了在全区范围内排除法币斗争的胜利。

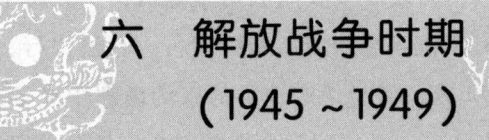

六 解放战争时期 (1945～1949)

抗战胜利后,"四行两局"因接收敌伪金融机构而迅速扩张,货币资本高度集中到国民党官僚金融资本手中。由于蒋介石等挑起内战,财政赤字加大,国民党政府靠滥发纸币来弥补,使通货急剧膨胀。国民党政府企图通过废止法币,改行金圆券、银元券等,挽救即将崩溃的货币制度,但仍然无济于事。在国民党统治垮台的同时,国民政府的财政金融制度也发生了总崩溃,帝国主义金融势力也退出中国。另一方面随着解放区的不断扩大并连成一片,新民主主义金融体系在全国范围内逐渐占据了统治地位。

1 "四行两局一库"对金融高度垄断

抗战胜利后,国民党政府靠美国的飞机、军舰、登陆艇等,迅速把原在大后方的国民党军队空运、海运到原日本占领区,抢占大中城市、战略要点和交通线，接收了大批敌伪产业。由于国民党官员在接收时贪污、受贿、抢夺成风，当时的老百姓称这次接收为"劫收"。

在被国民党政府接收的敌伪金融机构中，属于敌产性质的有横滨正金银行、朝鲜银行、台湾银行、德华银行等92家，属于伪产性质的有伪满洲中央银行、伪中央储备银行、伪中国联合准备银行、伪蒙疆银行、伪华兴商业银行等5家，两项合计，连同其分支机构等，共944个单位。

据国民党政府财政部统计，伪中央储备银行被接收时，有黄金55万多两，白银近764万两，银元37万多枚，美金550万元；伪中国联合准备银行被接收时，有黄金17万两，美金1020万元，英镑26544镑；伪满洲中央银行有黄金8万两，白银31万两，银元24万枚。被接收的敌伪金融机构其他动产和不动产则更多。据统计，仅苏浙皖区共接收黄金51176.9万两，白银857101万两，另外还有大量外汇、有价证券和不动产等。

这些敌伪金融资产大多由国民党官僚金融机构"四行两局"来接收。例如，对于在上海、南京地区的敌伪金融资产，国民党政府财政部就规定：朝鲜银行、伪中央储备银行、伪华兴银行、伪满洲中央银行在南方的分行及伪省市地方银行等由中央银行接收；横滨正金银行和德华银行由中国银行接收；台湾银行由中国农民银行接收；住友银行、上海银行株式会社、汉口银行株式会社上海支店等由交通银行接收；三菱银行、帝国银行及其附属企业机关、伪中央信托局、伪中央保险公司、伪中央储蓄会等由中央信托局接收；伪邮政储金汇业局和伪中日实业银行、伪中国实业银行等由伪邮政储金汇业局接收。"四行两局"因接收敌伪金融机构而迅速扩张，成为最大的国家垄断资本集团。

"四行两局"还利用清理敌伪钞票之机，对原沦陷区人民进行了一次大洗劫。

战争期间敌伪在沦陷区强制发行军用票、"中储券"、"联银券"、"蒙疆券"等，战争胜利后对这些敌伪钞票理应进行清理。但是国民党政府所规定的法币对各种伪币的收兑比率很不合理，例如法币对"中储券"的收兑比率定为1：200，法币在大后方正不断贬值，购买力很低，根据多种因素的计算，法币对"中储券"的收兑比率应为1：80，而国民党政府定的比率极大地压低了"中储券"的价值，使居民持有的"中储券"几乎成为废纸。据计算，国民党政府仅从兑入的41401亿元的中储券中，就赚取了黄金30万两。人们指出，这是国民党政府对沦陷区人民的一次大"劫收"。

国民党官僚垄断金融资本的势力迅速膨胀。据1946年6月的一项统计，在国统区的3489家银行分支机构中，国家垄断资本性质的银行及其分支机构达2446家，占总数的70%以上。另据统计，到1946年年底，仅"四行两局"的分支机构已有852处，其存款总额高达54881亿元，占本国银行存款总额的91.7%！

衡量一家银行的资信总是先看其存款额,由上述统计可见,这时全国货币资本已高度集中到国民党金融资本手中,而且其集中的程度非常惊人。

1946年11月,国民党政府又宣布成立"中央合作金库",由陈果夫任理事长,其他要职也多由国民党CC系成员把持。其资本6000万元,其中由国库拨付3000万元,中、中、交、农四行共拨给2000万元,各省市政府、各县市合作金库共认1000万元。其总库设在南京,各市、县设立分金库,经营存、放、汇款等业务。它的另一项任务是配合蒋介石对解放区的军事进攻,以"救济农村"、"办理农贷"为名,给地主还乡团以经济支持。它在1948年春加入四联总处后,可以随时得到办理抵押款的便利。

中央合作金库成立后,国民党中央官僚资本金融体系扩充为"四行两局一库",合作金库的分支机构遍布各县市,更有利于国家金融垄断资本把它的势力渗入城乡每一个角落,使国民党中央官僚资本金融体系发展到了顶点。

国民党金融垄断资本利用其所集中的巨大货币资金,竭力扩大放款,扩大对工商业的投资,以控制整个国家的社会经济生活。

中央银行在中国国货银行、四明银行、中国实业银行、中国通商银行、中国农民银行等银行中都有股份。

中国银行在战后组建的纺织工业垄断企业"中国纺织建设公司"中占有40%的股份,并在新华银行、广东银行、中国保险公司、中国棉业公司、南洋兄弟烟草公司、中国国货联营公司、扬子电气公司、淮南矿路公司等 85 个厂矿企业中都有投资。

交通银行投资的厂矿企业也有 52 家。

中国农民银行、中央信托局、邮政储金汇业局等战后也增加了对一些厂矿企业的资金投放。

"四行两局"通过放款投资方式控制了相当大的一部分社会经济力量。

2 国统区的恶性通货膨胀

如前所述,抗战时期大后方的通货膨胀主要是由国民党政府的财政赤字不断加大,靠超额发行法币弥补而引起的。

抗日战争刚结束不久时,有利于消除国民党政府财政赤字的因素本来有不少:首先是东部富庶地区的大片国土得以收复,国民党政府的税源激增,1946 年度的财政预算中,正常的赋税及行政事业收入比上年度增加了约 9 倍;同时,国民党政府通过接收敌伪物资,得到了一大笔财政收入;抗战结束了,庞大的军费支出理应大大减少,这本来也应是有利于消除财政赤字的。

但是蒋介石发动全面内战,花费巨款购买军火与装备,把军队维持在 450 万~500 万之间,这些都增加了国民党政府的财政支出。

内战所需军费开支十分浩大,1946 年有人曾经估计，养国民党军队一个师的开支可以用来维持30多所大学，养200个师每年仅军饷一项就要28800亿元，还不包括枪械弹药及各种装备等在内。

庞大的军费开支，始终占国民党政府财政支出的一半以上，到1948年时已占到近70%，超过了抗战时期的比重。因此，在抗战结束后，国民党政府发动全面内战的恶果之一，就是它的财政赤字不但没有消除或者减少，反而每年都在成倍增加。1945年近11067亿元的赤字，到1946年增至46978亿元，为1945年的4倍多；1947年猛增至293295亿元，又是1946年的6倍多；1948年的赤字则更大，仅前7个月就已经超过434万亿元，是1947年全年的14倍还多！赤字占财政支出的比率也从1945年的47.1%，逐年上升为1946年的62%及1947年的67.5%。

为了弥补不断增加的财政赤字，国民党政府采取了一系列措施，如出售战后所接收的敌伪资产，举借内外债，加征赋税，出售政府储备的黄金和外汇等，但是这些措施的实际效果并不如蒋介石等所愿：

到1946年底出售给公众的敌伪资产5000亿元，很快被浩繁的军费开支消耗殆尽，后来又因政治、经济局势不稳，私人对于固定资产的购买已不感兴趣。

所借外债，多被指定购买国外的船只、设备和原料等，无助于对财政赤字的解决；发行内债也因公众的抵制，发行越来越困难。

实行田赋征实和征借，加征苛捐杂税，使得民怨沸腾，社会动荡。而所增税收经层层截留，并不能弥补庞大的财政赤字。

1946年2月国民党政府为了抵消由于预算赤字所增加的社会购买力,决定开放外汇市场,并抛售黄金。不料,开放外汇市场才8个多月,中央银行的美元储备就消耗掉60%多,使蒋介石十分心痛,又重新限制和管理外汇。各地资金纷纷涌向上海抢购黄金,尽管政府出售的黄金不断增加,金价仍然在猛涨,以致酿成震惊全国的上海黄金风潮。国民党政府又消耗了约60%的黄金储备,却远远抵不上赤字的增长,可谓得不偿失,只得于1947年2月采取紧急措施,停止出售黄金,当时担任行政院院长的宋子文和中央银行总裁贝祖贻也被迫下台。

尽管国民党政府的财经智囊们绞尽脑汁,想尽了种种办法,但是由于国民党政府的财政部长"对军费开支的需要是无法拒绝的",财政赤字仍然越来越庞大。

自1947年以后,国民党政府的财政赤字几乎全部靠滥发纸币来弥补。从表6-1可以看出,每年的赤字都是靠向中央银行借款来支付。到1947年底由于国民党政府向银行借款过大,以致银行停止了一切对私营企业的贷款。银行垫款后的亏空,则基本上靠增加纸币的发行进行弥补。从表6-1可以看出,1946年钞票增发额为26942亿元,已经远远超过了当年出售敌伪资产及黄金、外汇等所得;1947年钞票增发额又比上一年增加了9倍多;到1948年1~7月钞票增发额就已达到3415737亿元。

表 6-1 1946~1948 年财政赤字、银行垫款和
钞票增发统计表

单位：亿元

年　度	财政赤字	中央银行垫款	钞票增发额
1946 年	46978	46978	26942
1947 年	293295	293295	294624
1948 年 1~7 月	4345656	4345656	3415737

资料来源：张公权著，杨志信译《中国通货膨胀史》第 110 页。

法币的发行总量，1937 年 6 月时为 14.1 亿元，经过八年抗战，到 1945 年 8 月时达到 5567 亿元；而战后才三年，到 1948 年 8 月时，已达 6636946 亿元！是抗战前的 470705 倍，简直成了天文数字。

由于法币发行量不断迅速地增加，使得钞票的印制和运输竟然成为令国民党政府财经官员们头痛的大问题。各地中央银行的分行，特别是重庆、昆明、西安等距上海较远地方的分行，常因库存钞票告罄，纷纷以"十万"火急电向总行告急。为了避免舆论指责，中央银行不敢印制更大面额的大钞，就多印 2000 元面额的关金券（相当于 4 万元法币），与法币同时流通。这实际上是变相印制大钞来救急，已经预示着法币制度的崩溃。

恶性通货膨胀必然引起社会上物价的恶性上涨。上海的批发物价从 1946 年 5 月至 12 月上涨了 50%，同期重庆的批发物价也上涨了 43%。国民党政府面对 1946 年物价的涨势，于 1947 年 2 月又重新拿出抗战时期使用过的老办法，规定对日用必需品（如面粉、棉

纱、布匹、燃料、食盐等）实行限价，并对工资实行限额等。这一措施实行不久就宣告失败。物价进一步飞涨，其涨幅甚至超过了纸币发行增长的幅度，上海的批发物价1947年12月比1946年12月上涨了13倍多，同期重庆的批发物价上涨了近14倍；上海的批发物价1948年8月又比1947年12月上涨了近60倍！同期重庆的批发物价也上涨了37倍多。（参见表6-2）

表6-2　法币发行与物价指数表

年　月	法币发行额（亿元）	发行指数	上海批发物价指数	重庆批发物价指数
1937.6	14.1	1	1	1
1945.12	10319	732	885	1405
1946.12	37261	2642	5713	2688
1947.12	331885	23537	83796	40107
1948.8	6636946	470705	4927000	1551000

资料来源：《中国近代金融史》，中国金融出版社，1985，第298页。

如果以法币的购买力来表示，抗战刚刚胜利时的1元法币，留到三年后其购买力只剩下了十万分之七。有人列举了从1937年到1948年法币100元购买力的变化，作了如下形象的比喻：1937年可买大牛2头，1939年可买大牛1头，1941年可买猪1头，1943年可买鸡1只，1945年可买鱼1条，1946年可买鸡蛋1个，1947年可买油条1/5根，1948年可买大米1/500两。

恶性通货膨胀使得法币极度贬值，人们到市场上买一点日用商品，都得携带大捆钞票，甚至要用网袋、帆布袋来装钞票。

3. "金圆券"、"银元券"的崩溃

在严重的财政金融危机面前,国民党政府为了支撑危局,采取了依靠强权加欺骗,进一步掠夺人民的办法。

蒋介石于1948年8月19日以总统名义发布《财政经济紧急处分令》,其要旨为:

自即日起,以金圆券为本位币,废止法币;

限期收兑人民所有黄金、白银、银币及外国币券,逾期任何人不得持有;

限期登记管理本国人民存放国外之外汇资产,违者予以制裁;

整理财政并加强管制经济以稳定物价,平衡国家总预算及国际收支。

同日还公布了《金圆券发行办法》、《人民所有金银外币处理办法》、《中华民国人民存放国外外汇资产登记管理办法》和《整理财政及加强管制经济办法》,作为蒋介石紧急处分令的组成部分。

按《金圆券发行办法》规定,金圆券采用十足准备制,其中40%为黄金、白银和外汇;金圆券的发行额以20亿元为限;金圆券每元法定含纯金0.22217克,合美金2角5分,但不能兑现;每元金圆券收兑300万元法币。其实,既然规定金圆券不能兑现,其所谓含金量及对美元的汇率也就毫无意义。有关发行额的限制,也是一种骗局,当时法币发行总额6636946

亿元折合金圆券不到2.22亿元，加上国民党政府以前在东北发行的东北流通券，也只相当于金圆券2.3亿元，金圆券20亿元的发行限额已经留有使通货再膨胀近10倍的余地，而且这一所谓限额不到3个月就被国民党政府打破了。与法币相比，1元等于300万元，面值大大提高，100元面值的金圆券等于过去3亿元的法币。因此所谓金圆券"币制改革"，说穿了就是变相发行大钞，进一步实行通货膨胀政策。

由于蒋介石等作出改行金圆券的决定时间十分仓促，来不及印刷有"金圆"字样的钞券，第一批发行的金圆券是临时用中央银行以前印制而后弃置不用的一批钞券来充当的。

为了全面推行金圆券，《财政经济紧急处分令》还规定，全国各种商品和劳务价格，均冻结在1948年8月19日各该地价格的水平（要折合成金圆券），由各地方主管官署严格监督执行。同时，国民党政府还以取缔囤积为名，规定各种货物的存期不得超过3个月，并进行突击检查，将超过3个月存期的货物一律没收。按照《紧急处分令》的规定，人民持有的黄金、白银、银币及外币，必须在9月30日前，按黄金每两兑换200元，白银每两兑换3元，银币每元兑换2元，美金每元兑换4元的比例兑换金圆券，凡违反规定在限期内不兑换者，其金银外币等一律没收。

国民党政府财政部长王云五为了顺利推行金圆券"改革"，也曾希望美国能拿出5亿美元的贷款来做后援。为此，王于9月下旬以参加国际货币基金董事会的名义专程赴美,向美国总统杜鲁门乞求援助,但是吃了一个闭门羹。美国《华盛顿邮报》还尖锐地指出,"由于内战关系,军队的人数日增,任何方式的币制改革,在此时提出,都将注定失败的命运"。

蒋介石等为了贯彻《财政经济紧急处分令》,除动用警察、宪兵、特务等专政工具外,还专门成立了经济管制委员会,并将几个主要的大城市划为经济管制区,委派俞鸿钧(时任中央银行总裁)、蒋经国到上海,宋子文到广州,张厉生到天津担任经济督导专员。上海是全国经济中心,蒋介石把蒋经国派往上海这一重要城市以督导专员身份去实施强权管制,希望能以上海经济管制的成功来带动全国。

蒋经国派手下在上海到处宣传他这次来是"专打老虎,不拍苍蝇"。他在上海中央银行内建立了督导机构。为了指挥起来得心应手,他把原在赣南的旧部调至上海充当"打虎"的主干队伍,并把他原来领导的"勘建"大队调至上海,改组为"上海青年服务总队"作为"打虎"的主力,又选拔了1.2万多名青年分组为20个大队四出活动,壮大青年服务总队的势力。他还组织了上海十万多青年游行示威,以壮声势。蒋经国还可以随时调动上海各种警备、稽查甚至包括宪兵在内的武装力量,武力镇压一切反抗管制者,真可谓"气焰逼人,声震上海"。蒋经国在上海"打虎"之举动,成为人们关注的热点。

蒋经国到上海后,一方面迫令上海各界上缴金银外币,另一方面严格实行限价政策。为了逼缴金银,他在上海摆下"鸿门宴",抓住金融工商界头面人物不放,金融大亨钱永铭、周作民、李铭、戴立庵等,工商巨头荣氏兄弟、刘鸿生、杜月笙等,都曾被蒋经国传去训话,逼迫他们交出金银外币。他的威逼,取得了一定的效果,如刘鸿生回去后对他的下属说:"今天蒋太子满脸杀气……不敷衍不行啊,要防他下毒手!"刘只好忍痛交出了8000两黄金、数千枚银元及230万美元。上海各大银行在头面人物的"带动"下,交出了大量黄金、白银和外币。上海市民们迫于强权压制,有不少人也交出了自己原打算作为保命钱或棺材本的硬通货。

到10月底为止,全上海从金融大亨到中小工商业者和小市民,被蒋经国逼索出黄金114.6万两,白银96万两,银币369万元,美金3442万元,港币1100万元。

除上海以外,国民党政府还在全国设立了60多个汇兑点,强迫人民用金银外币等兑换金圆券。在9月30日,政府又将兑换金银外币期限延长到10月31日。

在国民党政权的高压统治下,到10月底止国统区人民被迫上缴给中央银行的金银外币(其中上海交出的占60%~70%)总共有:黄金167.7万盎司,白银888.1万盎司,银元2356.1万元,美钞4985.2万元,港钞8609.7万元,外币存款1069.8万美元,连同其他外币等合计值17961.2万美元。按照国民党政府行政院的估计,这次搜刮到的金银外币,约占国内金银外币存量的20%弱。这是国民党政府对人民的又一次大洗劫。人们在上缴金银外币后所兑换到的金圆券,不到几个月即成为一堆废纸。

蒋经国等在实行限价方面"打虎"的声势也很大。《紧急处分令》颁布后第三天,他就调动上海6个军警单位的人员全部出动到上海各市场、库房、码头、车站等地突击检查,对违背《紧急处分令》者,"商店吊销执照,负责人送刑庭法办,货物没收"。他还在上海各处布岗检查,设点接受告密,成立"经检大队"收集情报等,并下令枪决了破坏经济管制、贪污受贿的上海宪兵大队长、稽查大队长、警备司令部科长、与孙科有关的林王公司经理等人,逮捕了青帮头子杜月笙的儿子杜维屏、申新纱厂老板荣鸿元等60余人。外国记者曾把蒋经国形容为"中国的经济沙皇",上海也有人一度把他看作是铁面无私的"包青天"。

尽管蒋经国想在"打虎"中一显身手,但由于腐朽的官僚体系,他根本不可能触动那些皇亲国戚们的利益。杜月笙当众向他提出"扬子公司囤积的东西,尽人皆知是上海首屈一指的……也希望蒋先生一视同仁"。

扬子公司乃孔祥熙的大少爷孔令侃在上海设立。蒋经国不得不令"经检大队"对扬子公司的几处仓库进行检查,对囤积的进口汽车、汽车零件、西药、呢绒、颜料、钢铁和纱布、粮食等大量物资予以查封。孔令侃急忙向宋美龄求援,宋美龄又搬出了蒋介石。蒋经国得知宋美龄插手,只得停止对扬子公司的检查。所谓的"包青天",原来是"只拍苍蝇,不打老虎"。

用强权进行"限价"只能维持一时,不能长久。一般老百姓都鉴于以往法币贬值的沉痛教训,宁愿多买些物品以保值。特别是当国民党政府宣布延长兑换金银期限后,人们更加怀疑金圆券的信誉了,自10月2日起人们"见物即购,尽量将金圆券花去,深恐一夜之间币值大跌致受损失"。有关当时居民抢购商品的报道很多,例如,在上海,"南京路一带著名绸布店和河南路的呢绒店,开门后人群潮涌而入,架上货物顷刻卖空";"小菜场上鲜肉绝迹,蔬菜又贵又少,食油抢购一空";在全国性的抢购风中,全国40多个城市发生抢米风潮,参加抢米的群众在17万人以上。而商人们却尽量把到手的生活必需品藏起来,待价而沽。表面上市场物价没有变化,却是有市无货。"很多商店的橱窗、货架上已没有什么物品,像大水冲过一样空空洞洞"。

　　蒋经国等在上海宣布限期登记存货,以图打击囤积居奇,并根据物资储备情况调节市场供应。商人们千方百计隐藏货物不报,有的人宁愿多付运费将货物藏在火车车皮里,让火车像活动仓库一样在上海附近的无锡、镇江等地漫游。不少地方当政府管制人员在市场内进行管制时,买卖双方却在场外进行黑市交易。

　　国民党政府又于10月初宣布将卷烟、酒类等商品加税,这等于是宣布容许这些商品加价,而烟酒加价又必将带动其他物品涨价。有人认为这实际上是国民党政府有关主管部门砍断了蒋经国等执行限价政策者的一条腿。

面对全国性的抢购风潮,国民党政府手忙脚乱。立法院开会讨论经济危机时,有人"主张立即取消限价,维持市面,不要只顾面子,不肯承认失败"。于是,11月初经立法院会议决议取消限价,允许人民手中持有金银外币。蒋经国的上海"打虎"之举宣告失败,11月6日,他在发表《告上海市民书》表示歉意后辞掉经济督导专员职务,悄然离沪。

金圆券的发行总额在1948年11月时就已经超过了原定20亿元的限额,此后有如决堤之水,一泻千里,到1949年1月已达200多亿元,1949年3月时已近2000亿元,4月时高达51612亿元,5月时更达679458亿元,比原定20亿元的限额高出了33970多倍!金圆券的面额也越发越大,1949年3月发行5000元券和1万元券,4月发行5万元券和10万元券,5月发行50万元券和100万元券(中央银行还印制了500万元券,但来不及发行,上海就被中国人民解放军解放了)。

限价一取消,市场物价就开始上升。随着金圆券不断滥发,物价也像脱缰野马一样疾飞。例如,白米每石限价时为23元,取消限价后才一个多月就涨到1800元,再过5个月已飞涨到44000万元,如果每石米以320万粒计,则买一粒米就要金圆券137元。所以在当时老百姓中间流传着这样一首"顺口溜":"粒米一百元,寸布十五万,呜呼蒋介石,哪得不完蛋!"

国民党政府滥发纸币的程度及国统区物价上涨的程度可见表6-3:

表6-3 法币、金圆券发行指数及物价指数表

时间	法币、金圆券发行指数	上海物价指数	白米批发价指数
1937.6	1	1	1
1948.8	470704.4*	5714270.3	5279034
1949.5	144565531914.9**	36807692307691.3	47601809864252

注：*法币；**金圆券折合成法币。

资料来源：根据洪葭管《在金融史园地里漫步》1990年版第318页改编。

表6-3前两栏数据都是根据国民党政府官方的统计材料计算的，已经是非常惊人的天文数字了，而后一栏粮价上涨的倍数还要大。从表6-3可以看出，自1937年6月至1949年5月这12年间，国民党政府纸币发行额增长了1445亿倍，而上海批发物价指数上涨了36万亿倍，粮价上涨了47万亿倍，分别比纸币发行倍数多248倍和324倍，这最强有力地表明了国民党统治时期通货膨胀及纸币购买力急剧下降的惊人程度；特别是在金圆券发行时期，9个月间纸币发行额增长了30.7万多倍，上海批发物价指数上涨了644.1万多倍，粮价上涨了901.7万多倍，这在世界通货膨胀史上也是极为罕见的。

由于金圆券声誉扫地，连一些国民党的地方政府也公开拒用，台湾、广东、四川、云南等地明令限制金圆券入境，国民党军队发饷也直接使用黄金或外币。原始的以物易物的交换方式在越来越多的地方盛行起来。

1949年4月，解放军百万雄师过大江，原国民党

政府首都南京宣告解放。国民党政府仓皇出逃广州。

为了做垂死挣扎,广州国民党政府于1949年7月4日宣布改行银元券,规定每1元银元券兑换5亿元金圆券,也可以兑现银元1元,兑现地点被限定在广州、重庆、福州、成都、昆明、桂林、衡阳、兰州、贵阳等9处,其他各地则只能以平汇或委托代兑等办法处理。

银元券出台不久,新华社就受命发表短评,宣布今后在新解放区只收兑银元,拒绝兑换银元券及一切国民党地方政权发行的货币。这一声明给了银元券致命的一击,使银元券发行不到10天就发生了挤兑风潮。

这时国民党当局已将数百万两黄金及大量白银和外汇转移到台湾去了,广州国民党政府能控制的一小部分黄金直接用于军事开支,最后剩下的白银储备已不多。广州政府的财政赤字数倍于财政收入,亏空仍然要靠发行银元券来填补。由于银元券不能保证随时随地兑现,更难以取信于民,群众的挤兑风潮不断发生。由于各地群众普遍拒用,国民党政府原来幻想依靠2000万银元发行1亿元银元券,但实际流通的只有广东、重庆两地各1000万元。虽然银元券才出生不多久,其寿命的终结已是指日可待的事了。

1949年10月,广州解放,银元券随即崩溃。

4 民间金融业逐渐走上末路

抗战胜利后,对于收复区的私营金融机构,国民党政府曾一度规定：凡经敌伪核准设立的金融机构一律停止营业，限期治理；对战前经国民党政府财政部核准，在日伪占领时期仍然继续营业的，也要派员查明过去的业务情况，报财政部核办。这样一来，因被清理而停业的私营银行和钱庄，仅上海一地就有近300家，北平、天津等地也各有数十家，大大缩小了私营行庄的势力。

不久，这些私营银行和钱庄又设法通过各种关系和特殊势力先后获准恢复营业。随着商业的畸形繁荣和金融投机的活跃，私营行庄数量继续有所增加。不过，在官僚资本金融垄断势力迅速膨胀的阴影笼罩下，这些私营金融机构的资力已相对削弱。存款额是衡量银行资力和信用的重要指标。从这一指标看，民族资本银行的存款额总和占本国银行总存款额的比重由1936年的43.5%下降到1946年的8.3%（其中还包括不易剔除的地方官僚资本银行在内），可以明显地看出战后初期私营金融业资力相对削弱的程度。

由于恶性通货膨胀的发展，民族资本银行所吸收的存款与放款，若按黄金折合与战前比较，则大大缩小了。

上海商业储蓄银行的存款额位居私营银行第一，它的存款额在抗战前合黄金171万多两，放款额合黄金123万两，而到抗战结束时存、放款合黄金数分别只有1万两和4000两；金城银行的存款额位居私营银行第二，一度还为第一，它的存款额在抗战前合黄金139万多两，到抗战结束时只合黄金1554两，相差近千倍。

这种数字上的缩小,一方面反映了民族资本银行在恶性通货膨胀中捞取了一些利益,它在战前吸收的众多存款,战时存户们因战争中的种种情况不能支取,战后再按原本息支取时因纸币大大贬值已不值什么钱了,银行占了便宜。另一方面也预示了民族资本银行可悲的前途。银行在通货膨胀中捞取的这种利益是建立在众多存户受损害的基础上的。在通胀继续迅速发展的情况下,即使利率提高也不及货币贬值的程度,企业和居民将钱存入银行已明显地不划算了,银行存款额折合黄金数必将进一步缩小。由此可预见战后民族资本银行资力和地位的削弱情况,及银行正常业务萎缩的命运。

这一时期国民党政府在其财政金融面临崩溃的局面下,从以下几方面加强了对私营金融业的管制和压榨。

禁止票据抵用。1947年7月国民党政府训令银钱业,对于客户存入的各种票据,在未收妥前,一律不准抵用。虽然银钱业一再反对,国民党政府不但不理睬,反而又于1948年2月进一步颁布了《限制当日票据抵用暂行办法》,规定除本票、汇票、汇款收据及保付支票外,一概不准抵用,造成大量客户向付款行庄支取本票和现钞,现钞需要量剧增,私营行庄无法应付。

交纳存款保证准备金。1947年9月国民党政府颁布的《银行法》规定,私营行庄要以定期存款的5%~

10%、活期存款的 10%～15%作为保证准备金缴存中央银行，另外还要提存定期存款的 7%、活期存款的 15%作为付现准备金。这使可运用的资金大为减少。

缴存本票头寸。1948 年 6 月又规定各行庄开发的本票，当天余额必须十足留存中央银行或票据交换所。私营行庄当天要补足头寸，次日早晨又要再领回，手续烦琐，增加了资金调度的困难，而且在法币和银元搭配支付时要吃暗亏。

限期缴存增资。1948 年 9 月颁布《商业银行调整资本办法》，规定上海地区银行最低资本额不得少于金圆券 50 万元，商业银行增资的半数须缴存中央银行三个月，未经核准不得动用。这样仅上海一地就要以 7000 万元金圆券缴存于中央银行，等于私营行庄的全部存款被中央银行冻结了三个月。这不仅使私营行庄没有资金调度，而且在物价飞涨的情况下遭受很大损失。

逼交金银和外币。1948 年 8 月国民党政府实行金圆券"改革"时，规定民间不得持有金银外币，私营金融业是逼交金银的重点对象，从钱永铭、周作民、李铭、戴立庵等金融大亨，直到中小钱庄主，都被洗劫一番，使私营行庄的资力更趋削弱。

管制利率。1948 年 8 月国民党政府实行"限价"时，规定私营行庄放款利率必须由中央银行核定，并一再硬性压低利率。放款利率被压低，存款利率就更低，此时黑市利率较高，致使存户纷纷提款转入黑市。这严重削弱了私营行庄吸收存款的能力。

恶性通货膨胀的影响，以及国民党政府管制的加强,使私营行庄的存款业务有如雪上加霜,奄奄待毙。如果将全国商业银行存款总额按上海批发物价指数折合成抗战前的币值,则1946年6月时约为6200万元,1947年6月为4774万元,1948年8月仅为750万元,呈迅速下降趋势。如与战前同类数值相比,更是少得可怜,只有战前的5‰。从存款的构成来看,定期存款比例越来越小,活期存款比例越来越大。私营行庄的活期存款一般都要占到90%以上,定期只占很小的比例。浙江兴业银行1947年活期与定期的比例是18:1,到1948年底变为35:1,活期存款已占全部存款的97%还多。当时工商业者均愿多存货少存钱,以减少货币贬值的损失,活期存款不过是他们为付款预备的最低限度的结算资金而已。这样,私营银行和钱庄可以运用于较长期的资金已越来越少。

恶性通货膨胀的发展,使得商业银行对工商业的放款,不仅数额减少,期限也缩短了。放款大多以贴现和买汇方式贷出,订期10～15天,最长不超过一个月。这种放款对生产事业来说,很难起什么作用。

这时的民间金融业都把从事重要商品和物资的囤积居奇和金银外汇的投机买卖活动作为其重要业务。在金融投机活动中,出现了一些"地下钱庄"。由于通货猛烈膨胀,物价飞速上涨,社会上的游资很多不是通过银行、钱庄,而是由"地下钱庄"进行拆放,其投机利润之高,势力之雄,已成为市场利率的主宰。民间金融业只是靠参与投机,勉强求生,越来越失去其扶植工商业的资力与作用,已经走上了末路。

外国银行从中国撤退

抗战胜利后，原法西斯同盟德、意、日三国在华金融势力消失了，它们的银行被国民党政府的"四行两局"接收。

这一时期外国在华银行有：英国的汇丰、麦加利、有利、沙逊等4家，法国的东方汇理、中法工商2家，荷兰的荷兰、安达2家，比利时的华比，及美国的花旗、大通、运通、友邦、美洲等5家，共有14家。

外国在华银行的数量虽然减少了，但它们的势力仍然很强大。据中央银行统计，1947年10月上海外国银行的总资产占上海金融业资产总额的26.2%，到1948年8月这一比重又上升到36%；同期本国银行资产占上海金融业资产总额的比重却有所下降。外国银行存款占上海金融业存款总额的比重，1945年为11%，1947年10月为17%，1948年5月增至20%；外国银行的放款占上海金融业放款总额的比重，1945年仅为4%，1947年10月增至31%，1949年9月更增至48%。

美国势力的上升，是战后外国在华金融势力变化中一个突出特征。

美国的花旗银行在战后改名为第一花旗银行，是美国一个新兴的东部财团，与美国其他大财团有错综复杂的联系。大通银行从1929年起已由美国洛克菲勒财团控制，战后又兼并了曼哈顿银行，势力更为强大了。美洲银行是美国西部财团的金融支柱。花旗、美洲、大通都是美国最大的银行。战后它们都加强了在中国的活动。

由于美国对国民党政府提供了数十亿美元的援助,根据美国经济合作总署规定,美援中的金融业务只准委托美国银行办理,所有款项的汇兑和结算由花旗和大通两家银行独占。美国政府还规定对华贷款未动用之前须以低利存入美国银行。战后中国对外贸易中的绝大部分是对美贸易,当时中国使用的外汇主要是美元,在中国市场流通的美元有6000万到1亿元,美国银行进行中美间的汇兑业务比其他外国银行有更便利的条件。因此,战后美国在华银行的业务有了很大发展,资产也比战前扩充了一倍以上,压倒了其他外国银行的势力。

英国汇丰银行等在中国由于历史较久,有一定的根基,所以战后它们的活动虽然不及美国,但仍然有很强的势力。由汇丰、麦加利、有利等英国银行发行的纸币在中国市场上流通量有5亿~6亿元。

当时中国的外汇市场主要由美国和英国的银行势力所操纵,无论是官方外汇汇率,还是黑市汇率,实际上都是由花旗和汇丰两行决定。这些汇率的变动,又影响着上海的黄金黑市和物价。外国金融势力仍然在很大程度上左右着中国的金融市场。这也体现了国统区金融的半殖民地性质。

随着中国革命形势的发展,以及国民党政府财政金融制度的崩坏,外国银行不得不逐步收缩它们在中国的分支机构，把业务重心集中于上海。国民党在大陆的统治垮台后，美、法、比、荷等国的金融势力从中国撤退，仅英国汇丰、麦加利仍留在上海。

新中国成立后，迅速采取措施取缔了外国银行在中国的特权，禁止外币流通，外国银行操纵中国金融的日子，终于一去不复返了。

6 新民主主义金融体系在全国的胜利

中国抗日战争胜利后，全国人民迫切要求和平民主，而蒋介石在美帝国主义支持下，发动了反共反人民的内战。在中国共产党领导下，解放区军民采取了战略防御，粉碎了敌人的进攻。到1947年7月，人民解放军由战略防御转入战略进攻，实行外线作战。从1948年9月开始，解放军进行了举世闻名的辽沈、平津、淮海三大战役，长江以北广大地区获得解放。1949年4月后，解放军百万雄师打过长江，并迅速解放了长江以南广大地区和大西北。

1949年10月1日中华人民共和国宣告成立。同年年底，全国除西藏、台湾外，均已获得解放。

1945年8月，中国共产党中央命令冀热辽、山东、华中等地八路军10万人挺进东北，与东北抗日联军会合，建立了东北解放区。此后，又出现了一些新的解放区。

各解放区人民政府在新区逐步建立了新民主主义

金融体系。例如，东北解放区在1945年11月设立了全区性的东北银行，发行东北币；大连市人民政府于1946年成立了大连银行，后并入东北银行；内蒙古自治区于1948年成立了内蒙古人民银行，发行内蒙古币；中原地区解放后，成立了中州农民银行，发行中州币；在广东潮汕和东江解放区，分别设立了裕民银行和新陆银行，半年以后随着形势发展，两行撤销，统一设立南方人民银行。

在新区银行建立的同时，老区的金融系统开始走向合并和统一。

石家庄解放后，晋察冀和晋冀鲁豫两个解放区完全连成一片，于1948年5月合并为华北解放区，两区的银行也合并为华北银行。

1948年1月，陕甘宁边区与晋绥边区合并为西北解放区，陕甘宁边区银行与晋西北农民银行合并为西北农民银行。

1948年11月，中国革命形势发生重大变化，毛泽东主席指出，"再有一年左右的时间，就有可能将国民党反动政府从根本上打倒了"。为了适应向全国进军和经济建设的需要，根据中共中央的部署，华北银行、北海银行和西北农民银行合并为中国人民银行，12月1日起发行人民币，作为华北、华东、西北三大解放区统一的流通货币。

人民银行以原华北银行为总行，北海银行改组为人民银行山东省分行，西北农民银行改组为人民银行西北区行。

中国人民银行的建立，标志着新中国集中统一的金融体系开始形成。

随后，人民银行逐步发展扩大，除东北银行和内蒙古人民银行暂时保持相对的独立之外，其他各解放区地方人民政府经营的银行，陆续改组为中国人民银行的分支机构。中州农民银行改组为人民银行中原区行（后又改称中南区行），设在武汉；苏皖地区的华中银行改组为人民银行华东区行，设在上海；由西北农民银行改组的人民银行西北区行设在西安；南方人民银行改组为人民银行华南区分行，设在广州。

没收官僚资本银行归全民所有，这是新民主主义金融体系中国有银行资金的来源之一。在新解放地区，对原官僚资本金融机构，以人民银行为基础，组织力量接管。凡属国民党中央和地方政府直接经营的金融机构，如四行两局一库，各省、市、县银行，全部没收；凡属四大家族及大官僚、大战犯所经营的商业银行，如山西裕华银行、亚东商业银行等，经查实后全部没收。这两种被没收的银行，资金为全民所有（其中如有民族资产阶级私人股份经调查属实者，承认其所有权），以此为基础，建立新区各级人民银行的分支机构。

通过对原各解放区政府银行的合并改组，及对官僚资本银行的没收和改造，人民银行不断扩大它的分支机构，1949年底它在重庆又设立了西南区行，在各大区的区行以下设省、市分行，地区中心支行，县支行和办事处、营业所、储蓄所等，形成了新的统一而广泛的国家银行机构网。

在新解放城市中,中国、交通两银行被接管后,仍保持原名,继续营业,分管外汇业务与长期投资。中国通商、中国实业、四明、新华信托储蓄银行等原国民党统治时期官商合办的银行,由人民政府派员监理,继续营业,其中私人资本的股份,继续承认其所有权。对于私营行庄,各解放区政府根据中国共产党的有关政策,及各地的具体情况,先后颁布了私营银钱业管理办法,特别是在1949年平、津、沪、汉等大城市相继解放后,各大行政区都颁布了有关法规,加强了对私营行庄的管理。各地人民政府在依法保障私营行庄合法经营的同时,规定私营行庄业务范围,只准经营存款、放款、汇兑、贴现、代理收付、保管仓库等,不准经营商业,以防投机活动;规定它们应缴存款准备金等,以保障信用和存款人的权益;规定了私营行庄的资本额,令它们限期登记。人民银行还加强了对私营行庄的全面检查。通过严格管理,打击了猖獗的投机活动,疏导私营行庄从事正当经营,这对于稳定金融支持生产,改造私营行庄的经营作风,起到了积极作用。

在解放区农村,发展农村经济迫切需要资金支持,而旧的高利贷剥削被取缔,银行农贷又不能完全满足需要,因此,有必要发展农村信用合作社,发动群众自己联合起来,建立新的借贷关系,调剂农村金融。

抗战时期陕甘宁边区就已经进行了农村信用合作社的试点工作,1946年晋冀鲁豫边区也进行了试点,两边区分别推广了试点的经验，农村信用合作社有了很大的发展。据1947年调查，陕甘宁边区和太行、太岳两区已有信用合作社（部）800多个。

农村信用合作社一经建立并初步发展之后，在动员和集中农村游资、解决社员生产和生活的资金困难、抵制高利贷剥削和发展解放区农村经济等方面起到了积极的作用。

在新中国成立前夕，包括国家银行（中国人民银行）、专业银行、私营行庄和信用合作社在内的新民主主义金融体系已具备雏形。其中，国家银行即中国人民银行是新金融体系的主体，居领导地位。随着解放区的不断扩大并连成一片，新民主主义金融体系在全国范围内逐渐占据了统治地位。

在建设新民主主义金融体系的同时，还进行了对国民党反动派的货币斗争。解放战争期间，国民党反动派力图把法币推行到解放区来，以掠夺解放区的物资，破坏解放区经济。他们采取了种种办法，如制造假票，发放购粮贷款使粮商用大量法币到解放区高价收购粮食，等等。解放区各地银行在党政领导下，对法币、金圆券等开展了反假票斗争、比价斗争、货币的阵地斗争等，例如，在一个新区解放后，立即宣布停止法币流通，使本币迅速占领市场，扩大本币的阵地。为免使群众受经济损失，进行适当收兑和逐步排挤法币的办法；有时，通过不断调整本币和法币的比价，达到排挤法币，巩固本币，稳定解放区物价的目的。由于灵活地采取了上述多种形式，解放区在与法币、金圆券的斗争中取得了巨大的胜利。

随着解放战争的节节胜利,各解放区逐渐连成一片,各地区间的经济贸易往来日益增多,原来处于分散状态的解放区货币,已不适应形势发展的要求,货币统一工作提到了议事日程上来。统一货币工作采取了两种方式:一是把过去由各分区发行的货币,允许扩大到一个大解放区范围内相互流通。二是成立新的统一的银行,发行新的货币,用新币收回旧币。中国人民银行成立后,发行人民币,先是与各解放区货币固定比价(人民币1元等于冀南币或北海币100元、晋察冀边币1000元、西农币或陕贸币2000元,等于华中币100元、中州币3元)混合流通。1949年人民银行总行向所属机构发出收回旧币的指令,要求各级银行通过业务收回、兑换等多种渠道,对旧币只收不出。

这样,到新中国成立时,全国已经基本上形成了人民币的统一市场,中国大陆迎来了币制真正统一的时代。

新民主主义金融体系在全国范围内广泛建立,人民币对全国币制的统一,这些都对新中国的建立,及新中国国民经济的恢复和发展,发挥着不可替代的重要作用。

参考书目

1. 彭信威:《中国货币史》,上海人民出版社,1958。
2. 中国人民银行上海市分行编《上海钱庄史料》,上海人民出版社,1960。
3. 汪敬虞:《十九世纪西方资本主义对中国的经济侵略》,人民出版社,1983。
4. 石毓符:《中国货币金融史略》,天津人民出版社,天津,1984。
5. 《中国近代金融史》,中国金融出版社,1985。
6. 中国人民银行总行金融研究所金融历史研究室编《近代中国的金融市场》,中国金融出版社,1989。
7. 洪葭管、张继凤:《近代上海的金融市场》,上海人民出版社,1989。
8. 张国辉:《晚清钱庄和票号研究》,中华书局,1989。
9. 中国人民银行总行金融研究所金融历史研究室编《近代中国金融业管理》,人民出版社,1990。
10. 洪葭管:《金融话旧》,中国金融出版社,1991。

《中国史话》总目录

系列名	序号	书名	作者
物质文明系列（10种）	1	农业科技史话	李根蟠
	2	水利史话	郭松义
	3	蚕桑丝绸史话	刘克祥
	4	棉麻纺织史话	刘克祥
	5	火器史话	王育成
	6	造纸史话	张大伟 曹江红
	7	印刷史话	罗仲辉
	8	矿冶史话	唐际根
	9	医学史话	朱建平 黄健
	10	计量史话	关增建
物化历史系列（28种）	11	长江史话	卫家雄 华林甫
	12	黄河史话	辛德勇
	13	运河史话	付崇兰
	14	长城史话	叶小燕
	15	城市史话	付崇兰
	16	七大古都史话	李遇春 陈良伟
	17	民居建筑史话	白云翔
	18	宫殿建筑史话	杨鸿勋
	19	故宫史话	姜舜源
	20	园林史话	杨鸿勋
	21	圆明园史话	吴伯娅
	22	石窟寺史话	常青
	23	古塔史话	刘祚臣

系列名	序号	书名	作者
物化历史系列（28种）	24	寺观史话	陈可畏
	25	陵寝史话	刘庆柱　李毓芳
	26	敦煌史话	杨宝玉
	27	孔庙史话	曲英杰
	28	甲骨文史话	张利军
	29	金文史话	杜　勇　周宝宏
	30	石器史话	李宗山
	31	石刻史话	赵　超
	32	古玉史话	卢兆荫
	33	青铜器史话	曹淑芹　殷玮璋
	34	简牍史话	王子今　赵宠亮
	35	陶瓷史话	谢端琚　马文宽
	36	玻璃器史话	安家瑶
	37	家具史话	李宗山
	38	文房四宝史话	李雪梅　安久亮
制度、名物与史事沿革系列（20种）	39	中国早期国家史话	王　和
	40	中华民族史话	陈琳国　陈　群
	41	官制史话	谢保成
	42	宰相史话	刘晖春
	43	监察史话	王　正
	44	科举史话	李尚英
	45	状元史话	宋元强
	46	学校史话	樊克政
	47	书院史话	樊克政
	48	赋役制度史话	徐东升
	49	军制史话	刘昭祥　王晓卫

系列名	序号	书名	作者
制度、名物与史事沿革系列（20种）	50	兵器史话	杨毅 杨泓
	51	名战史话	黄朴民
	52	屯田史话	张印栋
	53	商业史话	吴慧
	54	货币史话	刘精诚 李祖德
	55	宫廷政治史话	任士英
	56	变法史话	王子今
	57	和亲史话	宋超
	58	海疆开发史话	安京
交通与交流系列（13种）	59	丝绸之路史话	孟凡人
	60	海上丝路史话	杜瑜
	61	漕运史话	江太新 苏金玉
	62	驿道史话	王子今
	63	旅行史话	黄石林
	64	航海史话	王杰 李宝民 王莉
	65	交通工具史话	郑若葵
	66	中西交流史话	张国刚
	67	满汉文化交流史话	定宜庄
	68	汉藏文化交流史话	刘忠
	69	蒙藏文化交流史话	丁守璞 杨恩洪
	70	中日文化交流史话	冯佐哲
	71	中国阿拉伯文化交流史话	宋岘

系列名	序号	书名	作者
思想学术系列（21种）	72	文明起源史话	杜金鹏　焦天龙
	73	汉字史话	郭小武
	74	天文学史话	冯时
	75	地理学史话	杜瑜
	76	儒家史话	孙开泰
	77	法家史话	孙开泰
	78	兵家史话	王晓卫
	79	玄学史话	张齐明
	80	道教史话	王卡
	81	佛教史话	魏道儒
	82	中国基督教史话	王美秀
	83	民间信仰史话	侯杰
	84	训诂学史话	周信炎
	85	帛书史话	陈松长
	86	四书五经史话	黄鸿春
	87	史学史话	谢保成
	88	哲学史话	谷方
	89	方志史话	卫家雄
	90	考古学史话	朱乃诚
	91	物理学史话	王冰
	92	地图史话	朱玲玲
文学艺术系列（8种）	93	书法史话	朱守道
	94	绘画史话	李福顺
	95	诗歌史话	陶文鹏
	96	散文史话	郑永晓
	97	音韵史话	张惠英
	98	戏曲史话	王卫民
	99	小说史话	周中明　吴家荣
	100	杂技史话	崔乐泉

系列名	序号	书名	作者
社会风俗系列（13种）	101	宗族史话	冯尔康 阎爱民
	102	家庭史话	张国刚
	103	婚姻史话	张 涛 项永琴
	104	礼俗史话	王贵民
	105	节俗史话	韩养民 郭兴文
	106	饮食史话	王仁湘
	107	饮茶史话	王仁湘 杨焕新
	108	饮酒史话	袁立泽
	109	服饰史话	赵连赏
	110	体育史话	崔乐泉
	111	养生史话	罗时铭
	112	收藏史话	李雪梅
	113	丧葬史话	张捷夫
近代政治史系列（28种）	114	鸦片战争史话	朱谐汉
	115	太平天国史话	张远鹏
	116	洋务运动史话	丁贤俊
	117	甲午战争史话	寇 伟
	118	戊戌维新运动史话	刘悦斌
	119	义和团史话	卞修跃
	120	辛亥革命史话	张海鹏 邓红洲
	121	五四运动史话	常丕军
	122	北洋政府史话	潘 荣 魏又行
	123	国民政府史话	郑则民
	124	十年内战史话	贾 维
	125	中华苏维埃史话	温 锐 刘 强
	126	西安事变史话	李义彬
	127	抗日战争史话	荣维木

系列名	序号	书名	作者	
近代政治史系列（28种）	128	陕甘宁边区政府史话	刘东社	刘全娥
	129	解放战争史话	汪朝光	
	130	革命根据地史话	马洪武	王明生
	131	中国人民解放军史话	荣维木	
	132	宪政史话	徐辉琪	傅建成
	133	工人运动史话	唐玉良	高爱娣
	134	农民运动史话	方之光	龚 云
	135	青年运动史话	郭贵儒	
	136	妇女运动史话	刘 红	刘光永
	137	土地改革史话	董志凯	陈廷煊
	138	买办史话	潘君祥	顾柏荣
	139	四大家族史话	江绍贞	
	140	汪伪政权史话	闻少华	
	141	伪满洲国史话	齐福霖	
近代经济生活系列（17种）	142	人口史话	姜 涛	
	143	禁烟史话	王宏斌	
	144	海关史话	陈霞飞	蔡渭洲
	145	铁路史话	龚 云	
	146	矿业史话	纪 辛	
	147	航运史话	张后铨	
	148	邮政史话	修晓波	
	149	金融史话	陈争平	
	150	通货膨胀史话	郑起东	
	151	外债史话	陈争平	
	152	商会史话	虞和平	
	153	农业改进史话	章 楷	
	154	民族工业发展史话	徐建生	
	155	灾荒史话	刘仰东	夏明方
	156	流民史话	池子华	
	157	秘密社会史话	刘才赋	
	158	旗人史话	刘小萌	

系列名	序号	书名	作者
近代中外关系系列（13种）	159	西洋器物传入中国史话	隋元芬
	160	中外不平等条约史话	李育民
	161	开埠史话	杜 语
	162	教案史话	夏春涛
	163	中英关系史话	孙 庆
	164	中法关系史话	葛夫平
	165	中德关系史话	杜继东
	166	中日关系史话	王建朗
	167	中美关系史话	陶文钊
	168	中俄关系史话	薛衔天
	169	中苏关系史话	黄纪莲
	170	华侨史话	陈 民　任贵祥
	171	华工史话	董丛林
近代精神文化系列（18种）	172	政治思想史话	朱志敏
	173	伦理道德史话	马 勇
	174	启蒙思潮史话	彭平一
	175	三民主义史话	贺 渊
	176	社会主义思潮史话	张 武　张艳国　喻承久
	177	无政府主义思潮史话	汤庭芬
	178	教育史话	朱从兵
	179	大学史话	金以林
	180	留学史话	刘志强　张学继
	181	法制史话	李 力
	182	报刊史话	李仲明
	183	出版史话	刘俐娜

系列名	序号	书名	作者
近代精神文化系列（18种）	184	科学技术史话	姜　超
	185	翻译史话	王晓丹
	186	美术史话	龚产兴
	187	音乐史话	梁茂春
	188	电影史话	孙立峰
	189	话剧史话	梁淑安
近代区域文化系列（11种）	190	北京史话	果鸿孝
	191	上海史话	马学强　宋钻友
	192	天津史话	罗澍伟
	193	广州史话	张　磊　张　苹
	194	武汉史话	皮明庥　郑自来
	195	重庆史话	隗瀛涛　沈松平
	196	新疆史话	王建民
	197	西藏史话	徐志民
	198	香港史话	刘蜀永
	199	澳门史话	邓开颂　陆晓敏　杨仁飞
	200	台湾史话	程朝云

《中国史话》主要编辑出版发行人

总策划	谢寿光　王　正
执行策划	杨　群　徐思彦　宋月华
	梁艳玲　刘晖春　张国春
统　筹	黄　丹　宋淑洁
设计总监	孙元明
市场推广	蔡继辉　刘德顺　李丽丽
责任印制	郭　妍　岳　阳